Theresia Baschek

Das große Ritualbuch der Weißen Hexe Theresia

Weißmagische Rituale zur praktischen Anwendung

Verlag Peter Erd · München

Die in diesem Buch aufgeführten Ratschläge wurden von Autor und Verlag sorgfältig geprüft. Eine Garantie bzw. Haftung kann jedoch nicht übernommen werden. Lassen Sie Kerzen nie ohne Aufsicht brennen!

1. Auflage 2000
Umschlaggestaltung: Mirko Baschek, Sonya Mayer
Umschlagfoto: Maik Fasold
Illustrationen: Ilse Kern
Lektorat, Satz, Gestaltung: Judith Ammon

ISBN 3-8138-0510-7

Inhaltsverzeichnis

Danksagung

An erster Stelle möchte ich mich bei meiner Mutter bedanken. Ohne Dich hätte ich keine Zeit gehabt, um schreiben zu können. Liebevoll hast du Dich um meine vier Kinder sowie um meinen Haushalt gekümmert. Danke!
Auch Dir, mein lieber Mann, möchte ich Danke sagen, daß du so viel Verständnis hattest, wenn ich Dich mal wieder vernachlässigte, weil ich schrieb und schrieb und schrieb.
Ein ganz besonderer Dank geht an die bekannte österreichische Malerin Ilse Kern, die zwei weitere meiner 15 Bücher mit Ihren malerischen Künsten verzaubert hat. Ganz lieben Dank an Dich, Ilse.
Meiner besten Freundin Guni möchte ich danken, weil Sie mir mit Rat und gutem Zuspruch zur Seite stand, auch wenn mir manchmal alles fast zuviel wurde.
Ein großes Dankeschön auch an den Verlag Peter Erd, der dieses Buch erst ermöglichte.
Ein ganz besonderer Dank geht an meine verstorbene Schwester Ruzica. Noch im Sterbebett machte sie mir Mut, dieses Buch zu schreiben. Danke Schwesterchen, ich trage Dich in meinem Herzen.

Einleitung

Liebe Hexen und die es werden wollen!

Oft habe ich von meinen Klienten, aber auch von einigen Kollegen gehört, wie bedauerlich es ist, daß es kein richtiges Ritualbuch gibt. Eines, das man aufschlägt, und es erscheint ein Ritual nach dem anderen. Nun, dachte ich, das läßt sich ändern. Ich habe mich also hingesetzt und so ein Ritualbuch geschrieben. Dieses Buch enthält viele meiner besten Rituale, die ich selbst seit 15 Jahren mit Erfolg zelebriere, erfordert aber – um es gleich zu sagen - schon Vorkenntnisse in Sachen Magie. Nicht beschrieben sind hier einige grundsätzliche Dinge, die vielleicht schon etliche Tage oder auch direkt vor dem eigentlichen Ritual erledigt werden sollen: z.B. das Fasten oder wie man sich vor einem Ritual körperlich und geistig reinigt. Auch das Erden, das Energiesammeln und das Meditieren gehören dazu, ebenso wie die würdige Annäherung an den Altar. Immerhin ist er der Sitz der verschiedenen Gottheiten, die wir anrufen.
Nun, ich glaube, da Sie sich dieses Buch gekauft haben, sind Ihnen solche Dinge nicht mehr ganz unbekannt. Sollten Sie dennoch in der einen oder anderen Angelegenheit unsicher sein, z.B. wie Sie sich erden oder wie Sie Ihren Schutzkreis um sich und Ihren Altar ziehen sollen, dann empfehle ich Ihnen mein Buch *Die Weiße Magie der Hexe Theresia.* Dort habe ich nicht nur Schritt für Schritt die verschiedenen Vor- oder Unterrituale beschrieben, sondern auch, wie man sich seine eigenen Talismane und Amulette fertigt, oder welche Kerzen man bei Ritualen

verwendet. Erschienen ist das Buch ebenfalls im Verlag Peter Erd.

Aber jetzt wieder zurück zu diesem »Ritual-Kochbuch«. Ich bin aus tiefster Überzeugung eine weiße Hexe und daran wird sich niemals etwas ändern. Irgendwann im Laufe der Arbeit wird jeder vor die Entscheidung gestellt, ob er seine magischen Fähigkeiten für positive Zwecke einsetzt, oder ob er zu der Sorte Mensch gehört, die Freude am Unterdrücken, Quälen und Vernichten hat. Jeder muß für sich entscheiden, welchen Weg er geht. Ich möchte allen Menschen Mut machen, die das Hexen lernen wollen. Auch wenn es vielleicht nicht gleich klappt: Gehen Sie immer mit dem Glauben an sich selbst ans Werk. Sie haben alle Kraft in sich. Mag zunächst auch alles noch etwas im Verborgenen liegen, Sie werden erleben, wie Sie sich mit jedem Ritual stärker und sicherer fühlen. Damit Sie beim Zelebrieren der Rituale, das ja meist bei Kerzenlicht stattfindet, diese Zeilen gut lesen können, ist die Schrift etwas größer gedruckt worden.

Noch ein paar Worte an meine männlichen Leser: Ich möchte Sie auf gar keinen Fall diskriminieren, aber die Mehrzahl der Rituale sind so beschrieben, wie sie von Frauen praktiziert werden. Ich bin sicher, daß Sie, liebe männliche Leser, die Texte entsprechend ändern können.

Ich wünsche Ihnen nun viel Erfolg und hoffe, daß Ihnen dieses Ritualbuch ein ständiger Begleiter bei Ihrer magischen Arbeit sein wird.

Blessed Be!

Ihre Hexe Theresia

TEIL I

Allgemeine Vorbereitungen

Grundsätzliches

Wenn Sie, zum Schutz für sich selbst und natürlich auch für das Ritual, mit einem sogenannten »Magischen Kreis« arbeiten (das ist eine etwa 11 m lange, rote Kordel mit Bergkristallspitzen oder kleinen Glöckchen an den Enden), bedenken Sie bitte, daß Sie alle Utensilien griffbereit innerhalb des Kreises haben müssen. Ist nämlich der Kreis einmal geschlossen, das heißt um Ihren Altar und um Sie selbst gelegt, dürfen Sie ihn für die Dauer des gesamten Rituals nicht mehr verlassen. Der Kreis wäre sonst »durchbrochen«, und negative Energien oder Wesenheiten könnten unter Umständen Einfluß nehmen. In den Ritualbeschreibungen lesen Sie überwiegend, daß Sie anrufende oder bannende Pentagramme ziehen sollen. Da Sie sich diese Schutzsymbole als sehr heiß brennende Zeichen an der entsprechenden Zimmerwand, die in der jeweiligen Himmelsrichtung steht, bildlich vorstellen und zum Verdeutlichen mit Ihrem Arm in der Luft nachziehen, haben Sie den Vorteil, daß Sie sich zumindest in diesem »Ritualraum« frei bewegen können. Auch die benötigten Utensilien können Sie dann innerhalb dieses Raumes bereitlegen. Natürlich ist eine Kombination der verschiedenen Schutzvorkehrungen möglich, teilweise sogar wichtig und sinnvoll. Es versteht sich aber von selbst, daß Sie den »Magischen Kreis« auch dann nicht verlassen sollten, wenn Sie zusätzlich noch die Pentagramme gezogen haben.

Wenn ich als Hinweis, wann das jeweilige Ritual zelebriert werden sollte, z.B. angebe »zur Venuszeit zwischen Sonnenaufgang und 23.00 Uhr«, für das Vergraben von

Ritualresten und dergleichen aber die »Venuszeit zwischen Sonnenaufgang und Mitternacht« vorschlage, dann ist die Unterscheidung zwischen 23.00 Uhr und Mitternacht nicht etwa ein Fehler, sondern beabsichtigt. Mit dem Vergraben, das ja relativ schnell erledigt ist, kann man schließlich auch noch 10 Minuten vor Mitternacht beginnen und trotzdem rechtzeitig fertig sein. Bei einem Ritual ist das anders, da man dafür einige Zeit braucht und natürlich alles in Ruhe und Harmonie geschehen soll. Um es auf jeden Fall vor Mitternacht, der »Grenze zur schwarzen Magie«, beendet zu haben, ist es ratsam, spätestens um 23.00 Uhr damit zu beginnen. Bei großen Ritualen kann es sogar notwendig sein, bereits am Nachmittag anzufangen, um nicht über Mitternacht hinauszugeraten.

Und noch zwei weitere Hinweise zu den Ritualen. Der erste bezieht sich allgemein auf deren Beschreibung. Dort ist jeweils im ersten Absatz unter »Sie benötigen« aufgezählt, was Sie zur Durchführung vorbereiten müssen. Unter anderem wird immer wieder eine Schale mit Salzwasser erwähnt. Sie können dieses Salzwasser, das zur Reinigung von Zubehör und Ritualtisch oder zum Taufen von personifizierten Puppen verwendet wird, selbst herstellen, indem Sie in etwa 100 ml Wasser einen gestrichenen Teelöffel normales Salz auflösen. Der zweite Hinweis bezieht sich auf die Gesundheitsrituale. Alle vorgestellten Rituale sind sehr wirksam, dienen aber lediglich als begleitende oder ergänzende Maßnahmen zu den Therapien von Arzt, Heilpraktiker oder Psychotherapeut. Die Rituale ersetzen nicht deren fachliche Diagnose und die anschließende Behandlung.

Die Anrufung der Wächter

Um sich und Ihr Ritual zu schützen, ziehen Sie in allen vier Himmelsrichtungen ein Pentagramm. Grundsätzlich gilt, daß anrufende Pentagramme bei mitteilenden, flehenden und erbittenden Ritualen verwendet werden. Bei Ritualen zur Abwehr von Schaden oder bei Schadensritualen verwendet man dagegen bannende Pentagramme. Die Reihenfolge der Himmelsrichtungen, in welche die Pentagramme nacheinander gezogen werden, ist in allen Fällen Osten, Süden, Westen, Norden.
Wie man Pentagramme zieht, zeigen die nachfolgenden Tafeln. Die erste Zugrichtung ist durch den großen Pfeil gekennzeichnet. Ohne abzusetzen, ziehen Sie dann den fünfeckigen Stern fertig, bis Sie wieder am Ausgangspunkt angelangt sind.
Jetzt rufen Sie die vier großen Wächter der Himmelsrichtungen und der Elemente. Bei kleinen Kerzenritualen rufen Sie die Wächter so herbei:

»Ihr großen Wächter des Ostens, des Südens, des Westens und des Nordens, öffnet Eure Tore, um (Name der Gottheit) Einlaß zu gewähren!«

Oder:

»Ihr großen Wächter des Ostens, des Südens, des Westens und des Nordens, bewacht dieses Ritual!«

Für große Rituale, Planetenrituale und Puppenmagie sollten Sie die Wächter beschwören, indem Sie zunächst in Richtung Osten stehend rufen:

»Ihr großen Wächter des Ostens, Ihr Herrscher der Luft,
des Windes und des Sturmes, Euch rufe ich herbei
und erbitte Euren Schutz.«

Stellen Sie sich dann in Richtung Süden auf und rufen:

»Ihr großen Wächter des Südens, Ihr mächtigen Herrscher
des Feuers und der Blitze, Euch rufe ich
und erbitte Euren Schutz.«

Stellen Sie sich jetzt in Richtung Westen auf und rufen:

»Ihr großen Wächter des Westens, Ihr mächtigen Herrscher
des Meeres und der Tiefen, Euch rufe ich
und erbitte Euren Schutz.«

Stellen Sie sich schließlich in Richtung Norden auf und rufen laut:

»Ihr großen Wächter des Nordens, Ihr mächtigen Herrscher
der Erde, Euch rufe ich und erbitte Euren Schutz.«

Indem Sie wieder auf Ihren Altar blicken, rufen Sie nun aus:

»Behütet und beschützt dieses Ritual vor allen Gefahren und öffnet das Tor, damit (Name der angerufenen Gottheit) hier anwesend sein kann.«

Im Anschluß würden Sie jetzt die Räucherung und die Kerzen anzünden und mit dem eigentlichen Ritual beginnen.

Anrufende Pentagramme:

Osten, anrufend (Luftelement)

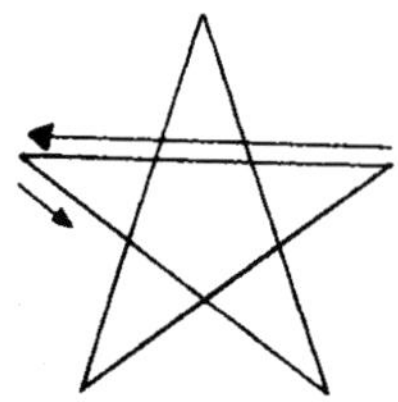

Süden, anrufend (Feuerelement)

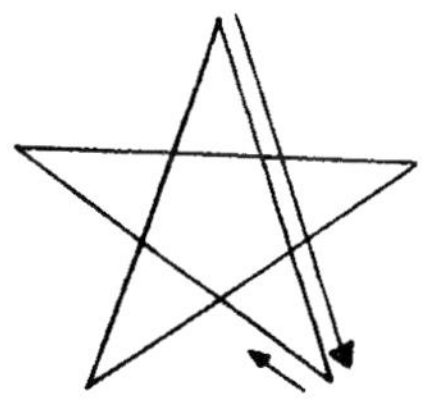

Westen, anrufend (Wasserelement)

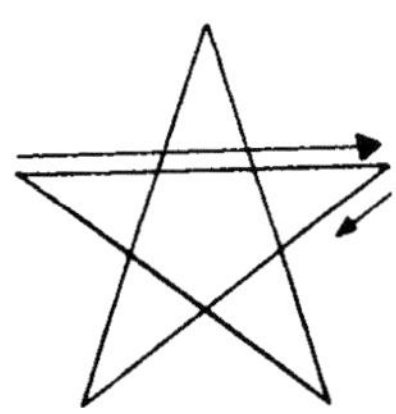

Norden, anrufend (Erdelement)

Bannende Pentagramme:

Osten, bannend
(Luftelement)

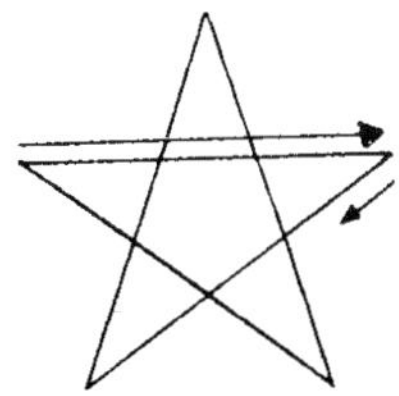

Süden, bannend
(Feuerelement)

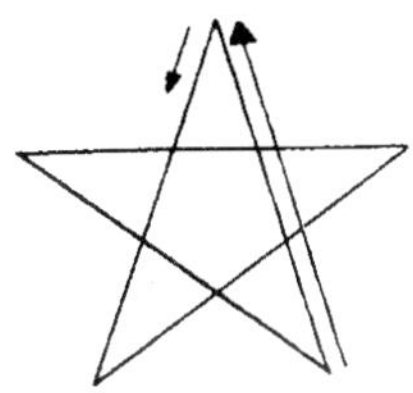

Westen, bannend
(Wasserelement)

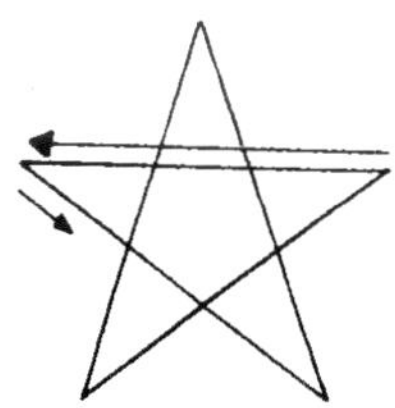

Norden, bannend
(Erdelement)

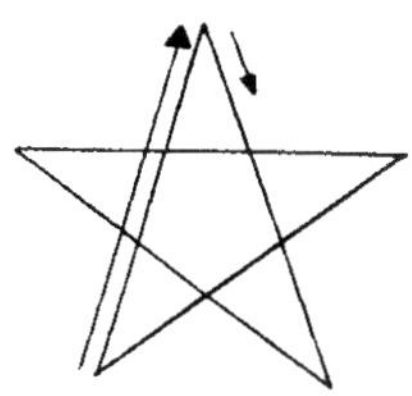

Die Hexenschrift

Wenn Sie Kerzen, Pergament oder Talismane herstellen und diese beschriften, dann sollten Sie das in der Geheimschrift der Hexen tun. Ich finde das nicht nur deshalb so wichtig, weil diese Schrift durch viele Jahrhunderte überliefert worden ist, sondern insbesondere deshalb, weil ein Unbedarfter sie nicht entziffern kann. Somit besteht keine Gefahr, daß Ihnen jemand Ihr Ritual oder die Kraft des Talismans nimmt. Sie wissen ja, jeder kann gedanklich gegen einen Wunsch vorgehen, wenn er ihn erkennt.

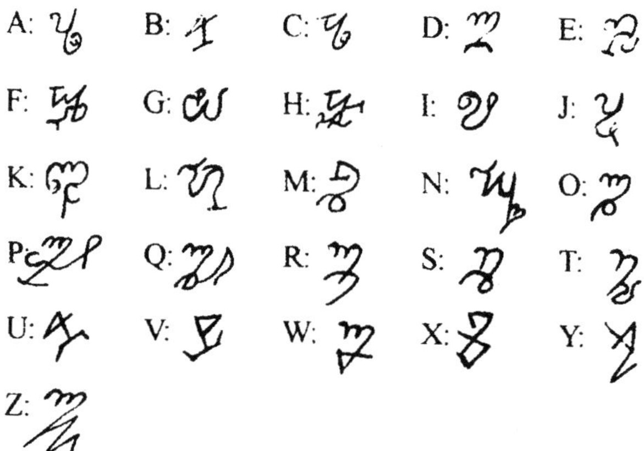

Hexenschrift

So binden Sie einen Zauber

Wenn Sie ein Ritual beendet haben, binden Sie es mit folgendem Spruch:

»Der Zauber hat sein Ziel gefunden
und ist somit gebunden.«

Wenn Sie ein Ritual öfter zelebrieren, z.B. ein Liebesritual an mehreren Freitagen zur Venuszeit, so binden Sie jedes einzelne Ritual für sich.

TEIL II

Schutzrituale

Ritual, um einen Sterbenden ins Licht zu führen

Dieses Ritual kann immer dann zelebriert werden, wenn jemand im Sterben liegt.

Sie benötigen:
eine goldene Altardecke, eine 30 cm hohe, goldene Stumpenkerze, Cosma-Öl, Cassia-Öl, einen Zahnstocher, zwei Weihrauch-Räucherstäbchen und etwas heiliges Wasser.

Vorbereitung:
Breiten Sie die goldene Decke über Ihren Ritualtisch aus, und stellen Sie die beiden Weihrauch-Räucherstäbchen links und rechts oben auf Ihrem Altar auf. Begeben Sie sich zu Ihrem Reinigungsbad. Reinigen Sie die Kerze nun zuerst mit dem heiligen Wasser.

Ritual:
Ritzen Sie mit dem Zahnstocher in die goldene Kerze:

(Namen und Geburtsdatum des Sterbenden)

und

»Du bist aufgenommen in die unendliche Liebe des Göttlichen. Goldenes Licht umgibt Deine Seele und führt Dich in die Unendlichkeit des Göttlichen.«

Jetzt reiben Sie die Kerze mit neun Tropfen Cosma-Öl und sieben Tropfen Cassia-Öl ein. Plazieren Sie die

Kerze nun in der Mitte des Altars, und zünden Sie sie an. Die beiden Weihrauch-Räucherstäbchen zünden Sie dann ebenfalls an. Sprechen Sie nun mit ruhiger Stimme:

»Göttin des Lichts, ich rufe Dich geschwind. Sieh, hier ist ein Mensch, der heimkehrt. Komm und weise ihm den Weg in das göttliche Licht der Liebe.«

Zünden Sie jetzt auch die goldene Kerze an, und sagen Sie:

»Du, (sagen Sie den Namen der Person, die im Sterben liegt), bist völlig frei von Schmerz und Angst. Sieh das göttliche Licht, es leuchtet Dir. Gehe darauf zu und finde den ewigen Frieden. Der schützende Mantel Aradias, sowie meine Liebe werden Dich begleiten. So sei es.«

Lassen Sie die Kerze und den Weihrauch ganz abbrennen. Vergraben Sie die Ritualreste dann unter einem Fliederbusch, und gießen Sie einige Tropfen heiliges Wasser darauf.
Seien Sie gewiß, der Verstorbene hat das göttliche Licht der Liebe erreicht.

Schutzgebet an die Mondgöttin

Gesegnet seist Du, Du mächtige Göttin des Mondes.
Halte Wacht in dieser Nacht,
und schütze unser Haus und Hof.
Gesegnet seist du, Du mächtige Göttin des Lichtes.
Halte Wacht an diesem Tag, und schütze unsere Kinder.

Gesegnet seist Du, Du mächtige Göttin der Liebe.
Halte Wacht in unseren Herzen,
laß Liebe und Frieden einkehren.
Banne unsere Feinde, indem Du sie in Dein
göttliches Licht der Liebe tauchst.
Sei gesegnet, Du weise Mondgöttin Aradia.

Während Sie dieses Gebet sprechen, sollten Sie zu Ehren der Göttin eine weiße Kerze opfern. Die Kerzenreste vergraben Sie später unter einem Baum, der blühen wird.

Schutzritual mit einer weißen Bastkerze

Dieses Ritual können Sie an einem Sonntag zu jeder Zeit zelebrieren.

Sie benötigen:
eine weiße Altardecke, zwei weiße Stabkerzen, eine weiße Bastkerze, zwei Weihrauch-Räucherstäbchen, ein Bild sowie den Namen und das Geburtsdatum der Person, die Sie schützen wollen. Etwas Schutzengelöl, getrocknete Blütenblätter Ihrer Wahl, einen Zahnstocher, etwas Drachenblut-Tinte und ein Stück Jungfernpergament.

Vorbereitung:
Legen Sie die weiße Altardecke auf Ihren Tisch, und stellen Sie die beiden weißen Stabkerzen links und rechts oben auf Ihrem Altar auf. Schreiben Sie mit etwas Drachenblut-Tinte auf die Rückseite des Fotos:

(Namen und Geburtsdatum der zu schützenden Person)

Legen Sie es anschließend in die Mitte des Altars. Schreiben Sie ebenfalls mit Drachenblut-Tinte auf das Jungfernpergament:

»Alle Kraft der Feinde sei vernichtet. So sei es.«

Legen Sie nun das Jungfernpergament mit der beschrifteten Seite nach unten auf das Bild (Foto und Text liegen zusammen).

Links und rechts neben das Bild plazieren Sie die Weihrauch-Räucherstäbchen. Ritzen Sie nun mit dem Zahnstocher in die weiße Bastkerze:

(Namen und Geburtsdatum der zu schützenden Person)

Anschließend beginnen Sie mit Ihrer eigenen Reinigung.

Ritual:
Reiben Sie die Kerze gut mit Schutzengelöl ein, und stellen Sie sie anschließend vor das Bild. Verstreuen Sie jetzt die getrockneten Blütenblätter auf dem gesamten Ritualtisch.
Zünden Sie dann die beiden Weihrauch-Räucherstäbchen sowie die beiden Stabkerzen an, und sprechen Sie mit ausgebreiteten Armen:

»Ihr mächtigen Wächter der Lüfte, des Feuers, des Wassers und der Erde, eilt herbei und wacht über dieses Ritual.«

Entzünden Sie nun auch die weiße Bastkerze, und sagen Sie:

»Weise Göttin Diana, ich, (sagen Sie Ihren Namen), rufe Dich, um Schutz zu erbitten. Hülle (sagen Sie den Namen der zu schützenden Person) in Deinen schützenden Mantel und durchflute seinen Körper mit Deiner göttlichen Liebe und Deinem heilendem Licht. Alles Böse löst sich auf, und zurück bleiben Frieden und Liebe. So soll es sein, sofort.«

Verbrennen Sie in der Kerzenflamme zuerst das Bild, und sprechen Sie dabei:

»So wie das Bild sich in den Flammen auflöst, löst sich alles Negative der Feinde in (Name der zu schützenden Person) auf.«

Danach verbrennen Sie das Jungfernpergament in der Kerzenflamme und sprechen wieder laut:

»So wie das Jungfernpergament in den Flammen brennt, verbrennt die negative Kraft der Feinde. So sei es.«

Lassen Sie alle Kerzen und Räucherungen ganz abbrennen, und werfen Sie am darauffolgenden Tag alle Ritualreste in fließendes Gewässer, ohne sich nochmal nach den davontreibenden Resten umzusehen. Gehen Sie Ihres Weges, und seien Sie sicher, daß die zu schützende Person frei ist von diesen negativen Energien.

Schutzritual mit einer Puppe

Sie benötigen:
eine weiße Decke, zwei weiße Figurenkerzen (weiblich bzw. männlich, je nachdem ob Sie ein Mann oder eine Frau sind), weißen Seidenstoff, um eine etwa 15 cm große Puppe zu nähen, eine Nähnadel, weißen Faden, einen etwa 30 cm langen, goldenen Faden, sieben Schutzweihrauch-Räucherstäbchen, Ihr Bild, ein paar Ihrer Haare, sieben Rosen Ihrer Wahl und etwas Schutzöl.

Vorbereitung:
Legen Sie die weiße Decke auf Ihren Altar, und stellen Sie die beiden Figurenkerzen oben links und rechts auf. Plazieren Sie die Schutzweihrauch-Räucherstäbchen so auf Ihrem Altar, daß sie ein Dreieck bilden. Verteilen Sie die Rosen auf Ihrem Ritualtisch, und beträufeln Sie diesen anschließend mit einigen Tropfen Schutzöl. Beginnen Sie nun, Ihre Puppe zu nähen. Lassen Sie sich Zeit dafür, und geben Sie viel Liebe in Ihre Puppe. Wenn Sie diese fertig genäht haben, befestigen Sie Ihr Bild und die Haare daran. Auf den Rücken der Puppe schreiben Sie:

(Ihren Namen und Ihr Geburtsdatum)

Geben Sie nun ein paar Tropfen des Schutzöls auf die Puppe, und umwickeln Sie sie mit dem goldenen Faden. Verknüpfen Sie die losen Enden mit sieben Knoten, und sprechen Sie nach jedem Knoten:

»Ich bin geschützt durch die Macht der Göttin.«

Legen Sie die Puppe anschließend in das Schutzdreieck auf Ihrem Altar, und begeben Sie sich zum Reinigungsbad.

Ritual:
Zünden Sie die beiden Figurenkerzen an, und sagen Sie anschließend:

»Aradia, mächtige Göttin des Mondes, ich rufe Dich und erbitte Deinen Schutz.«

Entzünden Sie die Räucherstäbchen, und halten Sie die Puppe hoch. Sprechen Sie:

»Du bist nicht aus Stoff und nicht aus Holz, sondern aus Fleisch und Blut. Dein Name ist (sagen Sie Ihren Namen), und Du stehst unter dem vollkommenen Schutz Aradias. Kein Leid wird Dir je geschehen. Bei Aradia, so sei es.«

Legen Sie das Püppchen zurück in das Schutzdreieck, und sprechen Sie mit ausgebreiteten Armen:

»Ich, (sagen Sie Ihren Namen), stehe unter dem göttlichen Schutz. So sei es.«

Lassen Sie alle Kerzen und Räucherungen ganz abbrennen. Vergraben Sie das Püppchen und alle Ritualreste vor Ihrer Haustüre oder in der Nähe Ihres Hauses. Seien Sie gewiß, daß nichts Negatives Sie mehr belastet.

Schutzritual mit einer Figurenkerze

Dieses Ritual kann immer zur Sonnenzeit vollzogen werden, jedoch nicht zwischen Mitternacht und Sonnenaufgang.

Sie benötigen:
eine weiße Altardecke, zwei weiße Stumpenkerzen, eine weiße Figurenkerze Ihres Geschlechts, etwas Schutzöl, zwei Weihrauch-Räucherstäbchen, einen etwa 20 cm langen, goldenen Faden sowie eine Schüssel mit Salzwasser.

Vorbereitung:
Legen Sie die weiße Decke auf Ihren Tisch, und stellen Sie die beiden Räucherstäbchen links und rechts oben auf Ihren Altar. Vor die beiden Weihrauchstäbchen stellen Sie je eine weiße Stumpenkerze. Die Schüssel mit dem Salzwasser stellen Sie in die Mitte des Altars. Nehmen Sie nun die weiße Figurenkerze zur Hand, und ritzen Sie folgendes hinein:

(Ihren Namen, Ihr Geburtsdatum)

und

»Ich stehe unter dem schützenden Mantel der Götter.«

Wickeln Sie nun den goldenen Faden um die Figurenkerze, und verknüpfen Sie die Enden mit sieben Knoten. Sagen Sie nach jedem Knoten:

»Das goldene Licht der Göttlichkeit umgibt mich.«

Dann vollziehen Sie Ihr Reinigungsritual.

Ritual:
Besprenkeln Sie den gesamten Ritualtisch mit etwas Salzwasser, und sprechen Sie:

»Gereingt ist nun die Stätte des Lichtes und der Liebe.«

Beträufeln Sie die Kerze anschließend mit Schutzöl, und stellen Sie sie vor die Salzwasserschüssel. Zünden Sie nun die beiden Stumpenkerzen und die Räucherstäbchen an, und sagen Sie:

»Wächter der Göttlichkeit, kommt und wacht über mein Ritual. Vertreibt alles Böse aus meiner Mitte.«

Entzünden Sie die Figurenkerze, und sprechen Sie:

»Mächtige Aradia, Göttin der Liebe und des Mondlichts, Dich rufe ich zu dieser Stund und erbitte Schutz vor allen Feinden und Neidern. So wie der goldene Faden die Figurenkerze umhüllt, sei auch ich umhüllt vom goldenen Licht Deiner Liebe. So sei es.«

Bedanken Sie sich und verabschieden Sie sich von den Wächtern und der Göttin mit Ihren eigenen Worten. Vergraben Sie alle Reste des Rituals an einem Sonntag vor Mitternacht unter einem Rosenbusch.

Sieben-Tage-Schutzritual

Dieses Ritual beginnt man an einem Sonntag und beendet es am darauffolgenden. Zelebriert wird es zur Sonnenzeit zwischen Sonnenaufgang und 23.00 Uhr.

Sie benötigen:
eine weiße Decke, eine weiße, 30 cm hohe Stumpenkerze, sieben Sandelholz-Räucherstäbchen, die getrockneten Blätter von sieben weißen Rosen, etwas Schutzöl, sieben kleine Mistelzweige und eine Schüssel mit Salzwasser.

Vorbereitung:
Legen Sie die weiße Decke auf Ihren Tisch, und stellen Sie links oben ein Sandelholz-Räucherstäbchen auf. Die getrockneten Rosenblätter *einer* Rose verstreuen Sie über dem Altar. Plazieren Sie die Schüssel mit Salzwasser in der Mitte Ihres Ritualtisches. Legen Sie *einen* Mistelzweig in die rechte obere Ecke Ihres Altares. Nehmen Sie nun die Stumpenkerze zur Hand, und ritzen Sie folgendes hinein:

(Ihren Namen, Ihr Geburtsdatum)

und

»Alles Negative prallt an mir ab und wandelt sich in Licht.«

Gehen Sie jetzt zu Ihrem Reinigungsbad.

Ritual:
Reiben Sie die Kerze nun mit Schutzöl ein, und stellen Sie diese vor die Salzwasserschüssel. Besprenkeln Sie den gesamten Altar mit etwas Salzwasser, und sagen Sie:

»Rein ist meine Stätte, Licht ist in mir und Schutz um mich.«

Zünden Sie nun die Stumpenkerze an, und sagen Sie:

»Mit aller Kraft, die ich in mir spüre, rufe ich Dich, Du weise Muttergöttin. Meine Seele bedarf Deines Schutzes. Sende Deine Liebe in mein Herz, und erhelle meine Seele mit dem göttlichem Licht. So sei es .«

Lassen Sie die Kerze eine Stunde brennen, und löschen Sie die Flamme anschließend. Die Kerze verwahren Sie bis zum nächsten Tag an einem sicheren Platz. Den »gebrauchten« Mistelzweig und die Rosenblätter bewahren Sie ebenfalls an einem sicheren Ort. Sie wissen ja, daß dies Opfergaben sind und deshalb mit Ehrfurcht und Respekt behandelt werden sollen. Wiederholen Sie dieses Ritual jeden Tag zur Sonnenzeit. Nehmen Sie für jedes neue Ritual, das Sie beginnen, einen neuen Mistelzweig und neue Rosenblütenblätter. Am darauffolgenden Sonntag lassen Sie die Kerze ganz abbrennen. Vergraben Sie alle gesammelten Ritualreste der sieben Riten an einem Sonntag vor Mitternacht unter einem blühendem Baum.

Schutzritual mit einer goldfarbenen Kerze

Dieses Ritual können Sie, wie alle Schutzrituale, jeden Tag zur Sonnenzeit zwischen Sonnenaufgang und 23.00 Uhr zelebrieren.

Sie benötigen:
eine goldfarbene Altardecke, eine goldfarbene Stumpenkerze, zwei weiße Kerzen, einen 3 bis 5 cm großen, schwarzen Turmalin, neun Weihrauch-Räucherstäbchen, etwas Schutzöl und eine Schüssel mit Salzwasser.

Vorbereitung:
Legen Sie die goldfarbene Decke auf Ihren Ritualtisch, und stellen Sie je eine weiße Kerze links und rechts oben auf Ihrem Altar auf. Bilden Sie in der Mitte Ihres Ritualtisches einen Kreis aus den neun Weihrauch-Räucherstäbchen. Legen Sie den schwarzen Turmalin in die Mitte des Kreises. Die Salzwasserschüssel stellen Sie in die untere linke Altarecke. Ritzen Sie nun folgendes in die goldfarbene Kerze:

(Ihren Namen und Ihr Geburtsdatum)

Vollziehen Sie dann Ihr persönliches Reinigungsritual.

Ritual:
Besprenkeln Sie den Ritualtisch mit etwas Salzwasser, und sagen Sie:

»Hiermit reinige ich die geheiligte Stätte.«

Reiben Sie die Kerze anschließend mit Schutzöl ein, und stellen Sie sie zu dem Turmalin in den Weihrauchkreis. Zünden Sie nun die neun Weihrauch-Räucherstäbchen an, und sprechen Sie:

»Mit dem Duft des Weihrauchs weichen die Geister der Schattenwelt. So sei es.«

Zünden Sie nun die goldfarbene Kerze an, und sagen Sie:

»Mächtige Geistwesen der göttlichen Sphären, Euch rufe ich zum Schutze. Hört meinen Wunsch: Schwarze Magie will mich zerstören, aber das goldene Licht dieser Kerze umgibt mich wie ein Schild. Nichts Negatives kann diesen Schild durchdringen. So soll es sein, sofort.«

Lassen Sie alle Räucherstäbchen ganz abbrennen, und vergraben Sie diese am nächsten Tag in einem Wald. Den Turmalin tragen Sie nun immer bei sich in einem Säckchen um den Hals oder einfach in der Hosentasche.

TEIL III

Gesundheit

Gesundheitsritual mit goldenen Kerzen und weißen Rosen

Dieses Ritual können Sie immer zelebrieren, am besten jedoch zur Sonnenzeit.

Sie benötigen:
eine goldene Stumpenkerze, zwei weiße Kerzen, einen Räucherkessel, gefüllt mit etwas Sand oder Salz, eine Räucherkohle, Gesundheitsweihrauch oder Sandelholz, einen Zahnstocher, Zündhölzer, neun weiße Rosen, einen ca. 3-5 cm großen Bergkristall, eine kleine Schüssel mit Salzwasser sowie eine weiße Tischdecke.

Vorbereitung:
Nehmen Sie ein Bad in Salzwasser, und meditieren Sie. Stellen Sie sich vor, wie bei jedem Einatmen helle, positive Energie Sie durchdringt. Alle belastenden Einflüsse atmen Sie aus. Dies machen Sie so lange, wie es Ihnen angenehm ist. Danach trocknen Sie sich ab und gehen entweder nackt oder angenehm bekleidet, z.B. mit Tüchern, zu Ihren Altar. Über diesen breiten Sie nun zunächst die weiße Tischdecke, dann stellen Sie den Weihrauchkessel in die Mitte. Um diesen Kessel herum ordnen Sie die neun weißen Rosen in Form eines Kreises an. Rechts und links davon stellen Sie die weißen Kerzen auf. In die goldene Kerze ritzen Sie nun mit Hilfe des Zahnstochers:

(Ihren Namen und Ihr Geburtsdatum)

und

»Ich, (sagen Sie Ihren Namen), bin völlig gesund.
Jede einzelne Zelle meines Körpers ist gesund
und arbeitet normal.«

Diese goldene Kerze stellen Sie nun in den Rosenkreis.

Ritual:
Zünden Sie jetzt die Kerzen und die Räucherkohle an. Sobald diese genügend glüht, streuen Sie etwas Weihrauch darüber. Nehmen Sie dann Ihren Bergkristall, und halten Sie ihn mit beiden Händen vor Ihren Körper. Die Hände sind offen, die Handflächen zeigen nach oben. Jetzt stellen Sie sich vor, wie der Kristall Ihre negativen, krankmachenden Energien wie ein Schwamm aufsaugt. Stellen Sie sich das so lange vor, wie Sie glauben, daß der Edelstein noch »saugt«. Wenn Sie das Gefühl haben, daß der Stein genug Negatives aufgenommen hat, nehmen Sie ihn in die rechte Hand und reinigen ihn, indem Sie wieder etwas Weihrauch auf die glühende Kohle streuen, den Stein in den Rauch halten und sprechen:

»Bergkristall, ich danke Dir, daß Du mich von negativen
Energien befreit hast. Damit auch Du wieder rein bist,
reinige ich Dich im heiligen Rauch.«

Auch dies machen Sie so lange, wie sie glauben, daß der Stein noch Negatives abgibt. Ist der Bergkristall dann gereinigt, halten Sie ihn mit der linken Hand in Richtung der goldenen Kerze. Stellen Sie sich vor, wie helle, ange-

nehm warme und positive Energie von der Kerzenflamme zum Kristall strömt und sich dann von Ihrer Hand aus im ganzen Körper verteilt. Ihr Körper, jede einzelne Zelle wird von dem goldenen Licht erfüllt. Dies können Sie so lange machen, bis Sie sich von positiver Energie erfüllt fühlen.
Lassen Sie nun alle Kerzen abbrennen, und werfen Sie die Wachs- und Räucherreste in fließendes Gewässer. Wenn Sie den Bergkristall behalten möchten, legen Sie ihn zur Regeneration in die Sonne oder zu einer Gruppe Hämatit-Trommelsteine. Sie könnten ihn aber auch, zum Dank für die Hilfe, in den Schoß der Natur zurückgeben, indem Sie ihn unter einem blühenden Baum vergraben. Vielleicht zelebrieren Sie dabei auch ein Dankritual.

Gesundheitsritual gegen Krebs

Sie benötigen:
eine goldfarbene Decke, eine etwa 20 cm hohe, goldfarbene Stumpenkerze, zwei weiße Altarkerzen, etwas Schutzengelöl, ein Bild sowie den Namen und das Geburtsdatum des Erkrankten, einen etwa 70 cm langen, goldfarbenen Faden, etwas Gesundheitsöl und drei Weihrauch-Räucherstäbchen.

Vorbereitung:
Legen Sie die goldfarbene Decke auf Ihren Altar. Reiben Sie die beiden Altarkerzen mit etwas Schutzengelöl ein, und stellen Sie je eine links und rechts oben auf Ihrem

Altar auf. Plazieren Sie vor jede Altarkerze ein Weihrauch-Räucherstäbchen. Schreiben Sie auf die Rückseite des Bildes:

(Namen und das Geburtsdatum des Erkrankten)

Legen Sie das Bild mit der Schrift nach unten in die Mitte Ihres Altars. Ritzen Sie nun den Namen und das Geburtsdatum der kranken Person in die goldfarbene Kerze, und reiben Sie diese mit dem Gesundheitsöl ein. Umwickeln Sie die Kerze jetzt mit dem goldenen Faden, in den Sie sieben Knoten knüpfen. Sagen Sie nach jedem Knoten:

»Geheilt sei mein Körper/der Körper (Name des Erkrankten)
durch das göttliche Licht der Liebe.«

Stellen Sie die Kerze anschließend auf das Bild, und plazieren Sie ein Räucherstäbchen davor. Bereiten Sie sich jetzt selbst mit einer Meditation auf das Ritual vor.
Legen Sie sich ganz entspannt hin, und atmen Sie langsam ein und aus. Stellen Sie sich vor, wie goldenes Licht durch Ihren Körper fließt, wenn Sie einatmen. Alles Negative löst sich auf und wird als grauer Schwaden ausgeatmet. Lassen Sie sich einfach fallen in ein Gefühl der Ruhe und Entspannung. Nichts ist jetzt mehr wichtig, lassen Sie Ihre Gedanken einfach nur kommen und wieder gehen. Stellen Sie sich vor, wie Sie am Strand liegen und die warmen Sonnenstrahlen Ihre Haut erwärmen. Das warme Wasser der Meereswellen spielt um Ihre Beine. Ganz deutlich spüren Sie, wie alles Störende in

Ihrem Körper weggespült wird. Bleiben Sie noch einen Moment liegen, und stehen Sie erst dann langsam auf, wenn Sie mit Ihrem Ritual beginnen möchten.

Ritual:
Wie bei jedem Ritual ziehen Sie zum Schutz die anrufenden Pentagramme und rufen die Wächter.
Zünden Sie nun die beiden weißen Altarkerzen sowie die beiden Weihrauch-Räucherstäbchen an, und sprechen Sie:

»Ihr mächtigen Geister der himmlischen Sphären, ich bitte Euch, sendet mir das goldene Licht der Heilung.«

Entzünden Sie nun auch die goldene Kerze und das dritte Räucherstäbchen. Breiten Sie Ihre Arme, mit den Handflächen nach oben zeigend, seitlich aus, und sprechen Sie:

»Jede Zelle wird von dem göttlichen Licht durchflutet,
das den Krebs vernichtet. Ihr Geister, ich habe diese
Krankheit nicht mehr nötig, ich gebe Euch das Leid
zurück, so daß nur Gesundheit bleibt. So sei es,
in Eurem mächtigen Namen.«

Bedanken Sie sich, und verabschieden Sie sich bei den Geistern und den Wächtern. Lassen Sie nun alle Kerzen und Räucherungen ganz abbrennen, und vergraben Sie alles unter einem Baum, der blüht oder Früchte trägt.

Gesundheitsritual bei Magenbeschwerden

Sie benötigen:
eine weiße Figurenkerze, sieben Sandelholz-Räucherstäbchen, etwas Gesundheitsöl, getrocknete Blätter einer roten Rose, einen Zahnstocher.

Vorbereitung:
Ritzen Sie mit dem Zahnstocher in die weiße Figurenkerze:

(Ihren Namen und Ihr Geburtsdatum)

Anschließend reiben Sie diese mit etwas Gesundheitsöl ein. Ordnen Sie nun die Räucherstäbchen so auf Ihrem Tisch an, daß sie einen Kreis bilden, in den Sie dann die Figurenkerze hineinstellen. Verteilen Sie die Rosenblätter um den Räucherkreis, und beträufeln Sie alles mit ein paar Tropfen Gesundheitsöl.
Nach der rituellen Reinigung, dem Ziehen der anrufenden Pentagramme und dem Rufen der Wächter beginnen Sie mit dem Zeremoniell.

Ritual:
Zünden Sie die Sandelholz-Räucherstäbchen an, und sprechen Sie mit ausgebreiteten Armen:

»Ihr Geister der Meere, Euch rufe ich an und erbitte die Heilung meines Magens.«

Entzünden Sie jetzt auch die Figurenkerze, und sagen Sie erneut:

»Mein Magen ist voller Harmonie. Alle Beschwerden werden weggespült von den Wellen der Meeresgeister. So sei es, geschwind.«

Bedanken Sie sich wie immer mit Ihren eigenen Worten bei den Geistern und den Wächtern. Lassen Sie die Kerze ganz abbrennen. Alle Ritualreste werfen Sie dann in fließendes Gewässer, wobei Sie den davontreibenden Teilen nicht nachblicken. Seien Sie gewiß, daß es Ihnen bald besser geht.

Gesundheitsritual bei Unterleibsbeschwerden

Sie benötigen:
eine weiße Figurenkerze (weiblich oder männlich, je nachdem, ob Sie ein Mann oder eine Frau sind), zwei weiße Stabkerzen, eine blaue Decke, etwas Healing-Öl, zwei Healing-Weihrauch-Räucherstäbchen und getrocknete Blätter von drei Blüten Ihrer Wahl.

Vorbereitung:
Legen Sie die blaue Decke auf Ihren Ritualtisch, und stellen Sie je eine weiße Kerze rechts und links oben auf Ihrem Altar auf. Ritzen Sie nun in die weiße Figurenkerze:

(Ihren Namen und Ihr Geburtsdatum)

Reiben Sie die Kerze anschließend gut mit Healing-Öl ein. Wälzen Sie die Figurenkerze in den Blütenblättern, und stellen Sie sie in die Mitte Ihres Altars. Sollten noch Blätter übrig sein, legen Sie diese vor die Kerze. Stellen Sie die beiden Healing-Weihrauch-Räucherstäbchen links und rechts neben die Figurenkerze.
Nach der rituellen Reinigung, dem Ziehen der anrufenden Pentagramme und dem Rufen der Wächter beginnen Sie mit dem Ritual.

Ritual:
Zünden Sie die beiden weißen Altarkerzen an, und rufen Sie:

»Diana, mächtige Göttin, hör mein Rufen und eile herbei. Schmerz läßt mich keine Ruhe finden. Eile, eile geschwind.«

Entzünden Sie jetzt die Weihrauch-Räucherstäbchen und die Figurenkerze. Breiten Sie Ihre Arme aus, und sprechen Sie:

»Oh Diana, leg Deine göttliche Hand auf meinen Unterleib, und befrei mich von meinem Schmerz.«

Legen Sie beide Hände auf Ihren Unterleib, und sagen Sie:

»Sieh Diana, ich bin frei von Schmerz und Leid. Ich bin geheilt. So sei es, in Deinem Namen, sofort.«

Bedanken Sie sich, verabschieden Sie sich von der Göttin, und lassen Sie alle Kerzen und Räucherungen ganz abbrennen. Werfen Sie an einem Sonntag alle Ritualreste in fließendes Gewässer, und denken Sie daran, daß Sie den davontreibenden Resten nicht nachsehen sollen.

Gesundheitsritual bei Neurodermitis

Sie benötigen:
eine Sieben-Tage-Gesundheits-Glaskerze, eine blaue Altardecke, sieben Sandelholz-Räucherstäbchen, Gesundheitsöl, etwas Jungfernpergament, »Dove´s-Blood«-Tinte und eine Feder.

Vorbereitung:
Legen Sie die blaue Altardecke auf Ihren Tisch, und stellen Sie die Sandelholz-Räucherstäbchen in einer Reihe auf. Nehmen Sie die Feder und schreiben Sie mit »Dove's- Blood«-Tinte auf das Jungfernpergament:

(Ihren Namen und Ihr Geburtsdatum)

und

»Meine Haut ist vollkommen geheilt,
so sei es geschwind.«

Legen Sie das Pergament mit der Schrift nach oben vor die Räucherstäbchen. Träufeln Sie ein paar Tropfen Gesundheitsöl in die Gesundheits-Glaskerze, und stellen Sie diese hinter die Räucherstäbchen. Nach der rituellen Reinigung, dem Ziehen der anrufenden Pentagramme und dem Rufen der Wächter beginnen Sie mit dem Ritual.

Ritual:
Zünden Sie die sieben Sandelholz-Räucherstäbchen an, und sagen Sie mit ausgebreiteten Armen:

»Aradia, Göttin des Mondes, hör mein Flehen. Mit Deiner Hilfe erlöse ich mich von der Neurodermitis. Laß Deine Güte über meine Haut schweifen.«

Entzünden Sie jetzt die Glaskerze, und sagen Sie:

»Geheilt will ich sein, und geheilt bin ich durch Deine Liebe und die Kraft des Mondes in mir. So soll es sein, ab sofort.«

Lassen Sie alle Kerzen und Räucherungen ganz abbrennen, und vergraben Sie alle Ritualreste unter einem Rosenbusch. Wiederholen Sie dieses Ritual sieben Mal.

Gesundheitsritual gegen Magersucht

Sie benötigen:
eine weiße Decke, eine Sieben-Tage-Knotenkerze, etwas Aurora-Öl, eine feuerfeste Schale mit etwas Sand und einer Kohletablette, sieben Teelöffel "Crown-of-Success"-Räucherung, eine Schüssel mit Salzwasser und einen Zahnstocher.

Vorbereitung:
Breiten Sie die weiße Altardecke über Ihrem Ritualtisch aus, und stellen Sie die feuerfeste Schale mit dem Sand und der Kohletablette in die Mitte dieses Altars. Rechts oben plazieren Sie die Salzwasserschüssel. Ritzen Sie nun mit dem Zahnstocher in jeden der sieben Knoten Ihrer Kerze folgenden Satz:

»Nahrung ist ein wichtiger Baustein des Lebens.«

Beim letzten Knoten fügen Sie hinzu:

»Mit aller Macht, so will ich eins sein mit diesem Baustein.«

Reiben Sie die Sieben-Tage-Knotenkerze mit dem Aurora-Öl ein, und stellen Sie die Kerze anschließend hinter die Räucherschale. Nach der rituellen Reinigung, dem Ziehen der anrufenden Pentagramme und dem Rufen der Wächter beginnen Sie mit dem Ritual.

Ritual:
Zünden Sie jetzt die Kohletablette im Räuchertopf an, und warten Sie einen Moment, bis diese richtig glüht. Geben Sie nun etwas der »Crown-of-Success«-Räucherung auf die glühende Kohle, und sagen Sie dabei:

»Diana, mächtige Göttin, hör mein Flehen, komm zu mir in meine Mitte, und hilf mir, meine Sucht zu heilen, die mich am Leben hindert.«

Während des ganzen Rituals geben Sie immer wieder etwas Räucherung auf die glühende Kohle. Waschen Sie nun Ihre Hände mit dem Salzwasser, mit dem Sie anschließend auch den gesamten Altar besprenkeln. Dabei sprechen Sie:

»Gereinigt ist diese Stätte der Liebe.«

Zünden Sie nun die Sieben-Tage-Knotenkerze an, und sagen Sie:

»Oh du weise Göttin, mit Hilfe Deiner göttlichen Liebe bin ich frei. Ich genieße die Speisen, die Du mir schenkst. So sei es ab jetzt, in Deinem Namen.«

Stellen Sie sich nun bildlich vor, daß die Göttin dreimal täglich Ihre Speisen segnet. Dies wird so lange geschehen, bis Sie Ihr Normalgewicht erreicht haben. Natürlich genießen Sie das Essen und die Getränke und werden sich mit der Nahrung im Körper besonders wohl fühlen. Am Ende des Rituals sprechen Sie:

»Diana, mächtige Göttin, ich weiß, daß Du mir hilfst, meine Magersucht zu besiegen.«

Verabschieden Sie sich, bedanken Sie sich mit Ihren eigenen Worten bei der Göttin, und seien Sie gewiß, daß Ihr Wunsch erfüllt wird. Das Thema Magersucht ist für Sie ab sofort erledigt, und Sie werden Ihr gesundes und gewünschtes Normalgewicht erhalten.
Lassen Sie alle Kerzen und Räucherungen ganz abbrennen, und werfen Sie alle Reste an einem Samstag in fließendes Gewässer, wobei Sie den davontreibenden Resten nicht nachblicken.

Gesundheitsritual gegen Übergewicht

Sie benötigen:
eine 30 cm hohe, silberfarbene Stumpenkerze, ein Fläschchen Aurora-Öl und zwei »High-John-Root«-Räucherstäbchen.

Vorbereitung:
Ritzen Sie in die silberfarbene Kerze:

(Ihren Namen und Ihr Geburtsdatum)

und

(Die Höhe des Gewichtes, das Sie haben möchten)

Reiben Sie die Kerze nun kräftig mit dem Aurora-Öl ein, und visualisieren Sie, wie Sie aussehen, wenn Sie Ihr Ziel erreicht haben. Stellen Sie die Kerze nun auf den Tisch, und plazieren Sie links und rechts von ihr die beiden »High-John-Root«-Stäbchen. Ihr Ritual beginnen Sie wie immer mit der rituellen Reinigung Ihres Körpers und des Altars, dem Ziehen der anrufenden Pentagramme und dem Anrufen der Wächter der vier Elemente.

Ritual:
Zünden Sie zuerst die beiden Räucherstäbchen an, und sprechen Sie dabei:

»Aradia, Göttin des Mondes, ich, (sagen Sie Ihren Namen), rufe Dich. Nimm weg von mir den unnötigen Ballast, den mein Körper trägt. Hör meinen Wunsch, der von Herzen kommt, und sei gnädig.«

Entzünden Sie nun auch die Kerze, breiten Sie Ihre Arme, mit den Handflächen nach oben zeigend, seitlich aus, und sprechen Sie:

»So wie die Kerze in der Flamme schmilzt, schmelzen meine Pfunde Tag um Tag, bis ich mein Ziel von (sagen Sie das Gewicht, das Sie haben möchten) erreicht habe. So sei es, im Namen der Mondgöttin Aradia, ab sofort.«

Lassen Sie alle Räucherungen und die Kerze ganz abbrennen, und rufen Sie sich Ihr Ziel nochmals deutlich vor Augen.

Bedanken und verabschieden Sie sich bei der Göttin, und werfen Sie alle Reste des Rituals bei abnehmendem Mond in fließendes Gewässer. Den davontreibenden Resten sehen Sie nicht nach.

Gesundheitsritual gegen Bulimie

Sie benötigen:
eine blaue Pyramiden-Kerze, etwas Aurora-Öl, sieben "High-John-Root"-Räucherstäbchen, einen Zahnstocher, eine weiße Decke für den Ritualtisch und einen 70 cm langen, goldenen Faden.

Vorbereitung:
Legen Sie die Ritualdecke auf Ihren Tisch, und stellen Sie die Räucherstäbchen in Form eines Dreiecks in der Mitte Ihres Altares auf.
Sie reinigen sich vor Ihrem Ritual, und natürlich schützen Sie sich und Ihr Ritual vor negativen Einflüssen oder Dämonen, indem Sie Ihren magischen Kreis und die anrufenden Pentagramme ziehen. Nach dem Anrufen der Wächter können Sie beginnen, das Ritual zu zelebrieren.

Ritual:
Ritzen Sie nun mit dem Zahnstocher in die Kerze:

(Ihren Namen und Ihr Geburtsdatum)

sowie

»Mein Körper ist einzigartig und rein.«

Reiben Sie die Kerze anschließend mit etwas Aurora-Öl ein, und wickeln Sie den goldenen Faden so um die Pyramide, daß Sie sieben Knoten um die Kerze knüpfen. Bei jedem Knoten sagen Sie:

»Bulimie ist unwichtig. Ich bin befreit von dieser Sucht.«

Beim letzten Knoten fügen Sie noch hinzu:

»So sei es, im göttlichen Namen.«

Plazieren Sie die Kerze nun in dem Dreieck der Räucherstäbchen, und schließen Sie Ihre Augen. Stellen Sie sich bildlich vor, wie Sie gerne sein möchten, wenn Sie keine Sucht mehr beherrscht. Zünden Sie nun die sieben »High-John-Root«-Stäbchen an, und sprechen Sie mit ausgebreiteten Armen:

»Herrin des Mondes, hör jetzt zu dieser Stund mein Bitten,
und hilf mir, mich von meiner Sucht zu befreien.«

Entzünden Sie nun auch die Pyramiden-Kerze, und sagen Sie erneut mit ausgebreiteten Armen:

»Ich bin frei. Bulimie gehört der Vergangenheit an.
Mächtige Göttin Aradia, Du Herrscherin des Mondes,
Dein göttliches Licht der Liebe hüllt mich ein

und besiegt die Sucht, die nicht mehr zu mir gehört.
So sei es, nun sofort.«

Bedanken Sie sich, verabschieden Sie sich von der Mondgöttin, und lassen Sie die Kerze und die Räucherungen ganz abbrennen. Werfen Sie alle Ritualreste nach sieben Tagen in fließendes Gewässer. Blicken Sie den hineingeworfenen Resten nicht hinterher, sondern gehen Sie Ihres Weges, und seien Sie gewiß, daß Sie befreit sind.

Gesundheitsritual gegen Migräne

Sie benötigen:
eine weiße Altardecke, eine weiße Schädelkerze, ein Weihrauch-Räucherstäbchen, etwas Gesundheitsöl und eine Nadel oder einen Zahnstocher.

Vorbereitung:
Legen Sie die weiße Decke auf Ihren Ritualtisch, und stellen Sie das Weihrauch-Räucherstäbchen in die Mitte. Wie bei allen Ritualen, so reinigen Sie sich auch diesmal und schützen mit dem Ziehen der anrufenden Pentagramme sich und Ihr Ritual. Nach dem Rufen der Wächter sind Sie für das eigentliche Zeremoniell bereit.

Ritual:
Ritzen Sie nun mit der Nadel oder dem Zahnstocher in die Schädelkerze:

(Ihren Namen und Ihr Geburtsdatum)

sowie

»Ich bin völlig gesund, mein Kopf ist ab sofort frei.
Ich fühle mich voller Schwung.«

Reiben Sie die Kerze mit dem Gesundheitsöl ein, und stellen Sie sie vor das Räucherstäbchen auf Ihren Altar. Zünden Sie das Weihrauch-Räucherstäbchen sowie die Schädelkerze an, und sagen Sie:

»Jeglicher Schmerz in meinem Kopf verschwindet.
Ich benötige diesen Schmerz nicht mehr.
So sei es sofort, im Namen Dianas.«

Lassen Sie die Kerze und das Weihrauch-Räucherstäbchen ganz abbrennen, und werfen Sie die Reste am darauffolgenden Tag in fließendes Gewässer. Den davontreibenden Resten sehen Sie wie immer nicht nach, sondern gehen Ihres Weges.

Gesundheitsritual gegen Arteriosklerose

Sie benötigen:
eine weiße Figurenkerze, ein Fläschchen »Spirit-of-Luck«-Öl, eine »Yellow-Doc«-Wurzel, neun Gesundheits-Räucherstäbchen und einen Zahnstocher.

Vorbereitung:
Nachdem Sie alles bereitgestellt und sich selbst, den Altar sowie alle Utensilien gereinigt haben, ziehen Sie die vier anrufenden Pentagramme und rufen die Wächter der Elemente zum Schutz. Dann beginnen Sie mit dem Ritual, indem Sie mit dem Zahnstocher folgendes in die Figurenkerze ritzen:

(Ihren Namen und Ihr Geburtsdatum)

Anschließend reiben Sie diese mit etwas »Spirit-of-Luck«-Öl ein. Ordnen Sie die neun Räucherstäbchen so an, daß sie einen Kreis ergeben, in dessen Mitte Sie nun die Figurenkerze stellen. Reiben Sie auch die "Yellow-Doc"-Wurzel mit etwas »Spirit-of-Luck«-Öl ein, und legen Sie sie vor die Figurenkerze in den Räucherkreis. Jetzt zünden Sie die neun Räucherstäbchen an und sprechen:

»Große Göttin Aradia, ich rufe Dich. Komm zu mir in meine Mitte, und erhöre mein Flehen.«

Entzünden Sie nun auch die Figurenkerze, und sprechen Sie erneut:

»Aradia, sieh meinen Leib. Reinige meinen Körper mit dem göttlichen Licht. Jede Ablagerung an der Gefäßwand schmilzt und verschwindet durch das heilende Licht Deiner Liebe. So soll es sein, geschwind.«

Nehmen Sie nun die »Yellow-Doc«-Wurzel in die Hand, halten Sie diese der Kerzenflamme entgegen, und sagen Sie:

»Alle Kraft der Liebe und der Heilung sind im Namen der Göttin mit dieser Wurzel verschmolzen. So sei es.«

Stellen Sie sich vor, wie das Licht der Liebe von der Kerze in die Wurzel strömt und von ihr in Ihren Körper. Wenn Sie das Gefühl haben, daß Sie angefüllt sind mit positivem Licht, legen Sie die Wurzel auf Ihren Altar und lassen die Kerze und die Räucherungen ganz abbrennen. Die Reste vergraben Sie unter einer alten Eiche. Die Wurzel jedoch tragen Sie immer bei sich, bis sich Ihre Gesundheit wieder eingestellt hat. Dann vergraben Sie auch die Wurzel unter der alten Eiche.

Gesundheitsritual mit Kerzen

Dieses Ritual können Sie jederzeit durchführen, außer nach Mitternacht.

Sie benötigen:
eine blaue Decke, eine etwa 20 cm hohe, blaue Stumpenkerze, zwei weiße Kerzen, eine feuerfeste, mit Sand gefüllte Schale sowie eine Kohletablette, sieben Teelöffel Gesundheitsräucherung, einen 30 cm langen, goldenen Faden, etwas Gesundheitsöl, zwei Weihrauch-Räucherstäbchen.

Vorbereitung:
Bevor Sie beginnen, reinigen Sie sich, den Altar und das Zubehör. Dann ziehen Sie die vier anrufenden Pentagramme in der entsprechenden Reihenfolge und erbitten außerdem den Schutz der Wächter. Legen Sie die blaue Decke auf den Ritualtisch, und stellen Sie die beiden Weihrauch-Räucherstäbchen links und rechts oben auf Ihrem Altar auf. Plazieren Sie nun die feuerfeste Schale in der Mitte des Tisches, und geben Sie zuerst den Sand und anschließend die Kohletablette hinein.

Ritual:
Reiben Sie die beiden weißen Kerzen mit etwas Gesundheitsöl ein, und stellen Sie sie anschließend vor die Weihrauch-Räucherstäbchen. Ritzen Sie nun in die blaue Stumpenkerze:

(Ihren Namen und Ihr Geburtsdatum)

und

»Goldenes Licht der Liebe durchströmt meinen Körper.«

Reiben Sie nun auch diese Kerze mit Gesundheitsöl ein, und umwickeln Sie sie mit dem goldenen Faden. Die Enden verknüpfen Sie nun mit neun Knoten, wobei Sie bei jedem geknüpften Knoten sagen:

»Gekräftigt sei mein Körper, gesegnet sei mein Körper, geheilt sei mein Körper. So sei es.«

Stellen Sie nun diese Kerze in die Mitte Ihres Altares vor die Räucherschale. Zünden Sie die beiden Weihrauch-Räucherstäbchen und die weißen Kerzen an, und sprechen Sie:

»Geistwesen der göttlichen Sphären, ich, (sagen Sie Ihren Namen), rufe Euch. Hört, was ich erwünsche. Um Gesundheit bitte ich Euch. Laßt die Krankheit schwinden und Kraft in meinen Körper einkehren, da ich keine Krankheit mehr brauche. So soll es sein, ab sofort, geschwind.«

Zünden Sie nun die Kohletablette in der Räucherschale an, und warten Sie, bis diese ganz glüht. Geben Sie anschließend immer etwas von der Gesundheitsräucherung auf die Kohle, und sagen Sie:

»Jede Zelle meines Körpers ist vollkommen und rein.«

Entzünden Sie jetzt die blaue Kerze, und sprechen Sie mit seitlich ausgebreiteten Armen:

»Heilendes Licht wandere durch meinen Körper,
jedes Organ ist geheilt, jede Zelle gestärkt.
So sei es, im Namen der Göttlichkeit.«

Dabei stellen Sie sich bildlich vor, daß positives, heilendes Licht von der blauen Kerze in Ihren Körper strömt. Wenn Sie fühlen, daß Ihr Körper durch und durch mit Licht angefüllt ist, bedanken Sie sich und verabschieden sich mit Ihren eigenen Worten bei den göttlichen Geistwesen. Lassen Sie nun alle Kerzen und Räucherungen ganz abbrennen, und werfen Sie alle Ritualreste am darauffolgenden Sonntag noch vor Mitternacht in ein fließendes Gewässer. Sehen Sie den hineingeworfenen Resten nicht hinterher, sondern gehen Sie Ihres Weges, und seien Sie gewiß, es wird Ihr Wunsch erfüllt.

TEIL IV

Liebeszauber

Wahre Liebe, treues Herz

Mit diesem Ritual entfachen Sie Liebe und Leidenschaft in Ihrer Partnerschaft neu. Sie sollten es nur an einem Freitag zur Venuszeit zelebrieren.

Sie benötigen:
eine rote oder eine rosafarbene Decke, zwei rosafarbene Kerzen, zwei weiße Kerzen, zwei rote Kerzen, eine feuerfeste Räucherschale, gefüllt mit Salz oder Sand, eine Kohletablette, Blätter einer getrockneten roten Rose, drei Teelöffel Liebesräuchermischung, ein Bild von Ihrem Liebsten und eines von Ihnen, etwas Liebesöl, eine Schüssel mit Salzwasser, einen Zahnstocher und eine silberne Nadel.

Vorbereitung:
Bevor Sie mit den Ritual beginnen, bereiten Sie alles vor, reinigen sich selbst und ziehen die anrufenden Pentagramme. Mit den Vorbereitungen fangen Sie an, indem Sie die rote bzw. die rosafarbene Decke auf Ihren Ritualtisch legen und somit einen Altar herrichten. Stellen Sie die zwei weißen Kerzen links und rechts oben auf Ihrem Altar auf.

Ritual:
Mit dem Zahnstocher ritzen Sie in die beiden rosafarbenen Kerzen:

»Leidenschaft lodert in Dir.«

Stellen Sie die beiden rosafarbenen Kerzen nun in die Mitte Ihres Altars. In eine der beiden roten Kerzen ritzen Sie:

(Namen und Geburtsdatum des Partners, dessen Liebe und Leidenschaft neu entfacht werden soll)

und in die andere:

(Ihren Namen und Ihr Geburtsdatum)

Reiben Sie nun die beiden roten Kerzen mit dem Liebesöl ein, und stellen Sie diese vor die rosafarbenen Kerzen auf Ihren Altar. Füllen Sie nun den Sand oder das Salz in die feuerfeste Schale, und legen Sie die Kohletablette darauf. Diesen Räucherkessel stellen Sie dann vor die Kerzen. Die Liebes-Räuchermischung stellen Sie anschliessend links von den Kerzen bereit, die Schüssel mit dem Salzwasser rechts.

Reiben Sie die beiden Bilder so mit dem Liebesöl ein, daß Vorder- und Rückseite mit dem Öl benetzt sind. Legen Sie die Bilder mit den Vorderseiten aufeinander, daß sich die Gesichter ansehen, und legen Sie sie dann vor die Räucherschale.

Bohren Sie nun die silberne Nadel so durch die Mitte der beiden roten Kerzen, daß diese dadurch miteinander verankert werden. Besprenkeln Sie nun den gesamten Altar mit Salzwasser, und sprechen Sie:

»Mit diesem Wasser reinige ich die geheiligte Stätte. So sei es.«

Zünden Sie jetzt die Kohletablette an, und warten Sie etwas, bis diese richtig glüht. Streuen Sie dann während des Rituals immer wieder etwas von der Liebes-Räuchermischung darauf. Entzünden Sie nun zuerst die weißen Kerzen, und sprechen Sie:

»Ihr mächtigen Wächter des Ostens, des Südens, des Westens und des Nordens, ich, (sagen Sie Ihren Namen), rufe Euch und bitte Euch, diesen heiligen Platz zu bewachen. Öffnet Eure Tore, und laßt hindurch die Göttin der Liebe.«

Zünden Sie nun die rosafarbenen Kerzen an, streuen Sie wieder etwas Räuchermischung auf die glühende Kohle, und sagen Sie anschließend mit ausgebreiteten Armen:

»Oh du mächtige Göttin, Aradia, komm zu mir, und hör mich an. In den Adern von (sagen Sie den Namen des Partners) lodert wieder die Glut der Leidenschaft. Er begehrt nur mich.«

Zünden Sie jetzt die roten Kerzen an, räuchern Sie wieder etwas, und sprechen Sie:

»Große Göttin Diana, weise Muttergöttin, ich, (sagen Sie Ihren Namen), Deine Tochter, rufe Dich. Eil herbei, und erhör mein Flehen. Kaltes Herz erwach, Liebe neu entfacht. So wie diese Kerzen miteinander verbunden sind, bist Du, (Name des Partners), auch in Liebe mit mir verbunden. So sei es, im Namen der Göttinen Diana und Aradia.«

Verbrennen Sie nun die beiden Bilder in der Räucherschale, und geben Sie die getrockneten Rosenblätter dazu. Bedanken Sie sich bei den Göttinnen und den Wächtern, und verabschieden Sie sich mit eigenen Worten. Vergraben Sie alle Ritualreste am nächsten Tag zur Venusstunde unter einer alten Eiche.

Hochzeitsritual

Dieses Ritual müssen Sie neun Tage vor Ihrer Hochzeit zur Venuszeit zelebrieren.

Sie benötigen:
eine weiße Decke, zwei weiße Kerzen, zwei goldfarbene Kerzen, zwei rote Kerzen, neun rote Rosen, eine Vase mit Wasser, etwas Rosenöl, neun Rosenräucherstäbchen, eine Schale mit Salzwasser, zwei Rubine (Größe Ihrer Wahl), einen Zahnstocher, Zündhölzer und etwas Blut von Ihrem linken Ringfinger.

Vorbereitung:
Legen Sie die weiße Decke auf Ihren Tisch. Die zwei weißen Kerzen stellen Sie links und rechts oben auf Ihren Altar. In eine der beiden roten Kerzen ritzen Sie mit dem Zahnstocher:

(Ihren Namen und Ihr Geburtsdatum)

und in die andere:

(den Namen und das Geburtsdatum Ihres zukünftigen Ehepartners)

Reiben Sie nun die beiden roten Kerzen mit Ihrem Blut so ein, daß der Docht und auch der Kerzenboden etwas damit benetzt sind. Stellen Sie die zwei roten Kerzen nebeneinander in die Mitte Ihres Altars. Hinter diese roten Kerzen, vor die Sie je einen Rubin legen, stellen Sie die goldenen Kerzen. Rings um die Kerzen ordnen Sie die Rosenräucherstäbchen an, und die Rosen stellen Sie in der Vase auf Ihren Altar. Zur Reinigung besprenkeln Sie Ihren gesamten Altar mit Salzwasser und sprechen dabei:

»Hiermit reinige ich meinen Altar
für das Hochzeitsritual.«

Wenn Sie mit Ihrem Altar zufrieden sind, begeben Sie sich zum rituellen Bad. Lassen Sie eine Wanne mit warmem Wasser vollaufen, und geben Sie das Rosenöl hinein. Legen Sie sich nun in die Wanne und schließen Sie die Augen. Lassen Sie sich einfach treiben. Hüllen Sie Ihren ganzen Körper in goldenes Licht. Wenn Gedanken kommen, versuchen Sie nicht, diese zu verdrängen. Lassen Sie sie kommen und gehen. Wenn Sie sich völlig entspannt und gereinigt fühlen, steigen Sie aus der Wanne, trocknen sich ab und gehen entweder nackt, in einem angenehmen Morgenmantel oder nur in luftige Tücher gewickelt zu Ihrem Altar.

Ritual:
Zünden Sie nun die zwei weißen Kerzen und die Räucherstäbchen an. Jetzt ziehen Sie die anrufenden Pentagramme zum Schutz. Danach breiten Sie Ihre Arme mit nach oben gerichteten Handflächen seitlich aus, und sprechen Sie:

»Wächter des Feuers, des Wassers, der Erde und der Luft, ich, (sagen Sie Ihren Namen), rufe Euch zu diesem Ritual. Ich beschwöre Euch, diese Stätte zu bewachen. So sei es.«

Zünden Sie nun die zwei roten und die beiden goldenen Kerzen an, und sprechen Sie:

»Ihr Götter, hört mein Sagen. Liebe, Treue, Verständnis und Fruchtbarkeit sind stets die Begleiter in der Ehe zwischen (Name des Partners) und mir, (sagen Sie Ihren Namen). (Sie können jetzt auch andere Wünsche und Versprechungen sagen.) So sei es, im Namen der Götter.«

Verabschieden Sie sich, und bedanken Sie sich bei den Wächtern und den Göttern. Lassen Sie alle Kerzen und Räucherungen abbrennen, und vergraben Sie alles einen Tag nach Ihrer Hochzeit in der Nähe Ihres Hauses.

Heiße Leidenschaft

Dieses Ritual können Sie an einem Freitag zur Venuszeit zelebrieren.

Sie benötigen:
eine rosafarbene Kerze, getrocknete Blätter von sieben rosafarbenen Rosen, 5 ml Moschusöl, ein Moschusräucherstäbchen, eine Schüssel mit Salzwasser und eine rosafarbene Decke, Zündhölzer sowie einen Zahnstocher.

Vorbereitung:
Legen Sie die rosafarbene Decke auf den Tisch, und verteilen Sie die getrockneten Rosenblätter darauf. Stellen Sie das Moschusräucherstäbchen in die linke obere Ecke des Altars. In die rechte obere Ecke stellen Sie die Schüssel mit Salzwasser. Bevor Sie mit dem Ritual beginnen, reinigen Sie sich und ziehen zum Schutz die vier anrufenden Pentagramme. Die Wächter der Elemente und der vier Himmelsrichtungen rufen Sie ebenfalls, um sich und Ihr Ritual vor negativen Einflüssen zu schützen.

Ritual:
Mit dem Zahnstocher ritzen Sie in die rosafarbene Kerze:

(Namen und das Geburtsdatum der Person, deren Leidenschaft neu oder erneut erweckt werden soll.

Stellen Sie nun die Kerze in die Mitte des Tisches, und träufeln Sie etwas Moschusöl darüber. Reinigen Sie den

Altar und alle Utensilien, indem Sie alles mit etwas Salzwasser besprenkeln und sagen:

»Hiermit reinige ich diesen Altar für mein Leidenschaftsritual.«

Zünden Sie nun die rosafarbene Kerze an, und schauen Sie in die Flamme. Konzentrieren Sie sich darauf, wie Ihr Partner Sie voller Leidenschaft liebt. Stellen Sie sich nun mit ausgebreiteten Armen vor Ihren Altar, und sprechen Sie:

»Mächtige Göttin der Liebe, ich, (sagen Sie Ihren Namen), Deine Tochter, bitte Dich. Das Herz von (sagen Sie den Namen der leidenschaftlichen Person) soll brennen vor Leidenschaft nach mir. So soll es sein, in Deinem Namen, ab sofort!«

Bedanken Sie sich nun bei der Göttin und den Wächtern mit Ihren eigenen Worten, und lassen Sie die Kerze ganz abbrennen. Vergraben Sie die Ritualreste am nächsten Tag, ebenfalls zur Venuszeit, unter einem Rosenstrauch. Seien Sie gewiß, daß Sie Leidenschaft entfacht haben.

Partnerrückführung mit einer roten Schlangenkerze

Dieses Ritual können Sie an einem Freitag zur Venuszeit zwischen Sonnenaufgang und 23.00 Uhr zelebrieren.

Sie benötigen:
eine rote Decke, eine rote Schlangenkerze, etwas Liebes-Öl, zwei weiße Kerzen, eine rote Rose, zwei Rosenräucherstäbchen, eine Schüssel mit Salzwasser und ein Bild der Person, die Sie zurück haben möchten, Zündhölzer und einen Zahnstocher.

Vorbereitung:
Legen Sie die rote Decke auf den Tisch, und stellen Sie die beiden weißen Kerzen links und rechts oben auf Ihren Altar. Die Schüssel mit dem Salzwasser plazieren Sie in die untere rechte Ecke Ihres Altars. Stellen Sie vor jede weiße Kerze ein Rosenräucherstäbchen.
Bevor Sie beginnen, nehmen Sie ein rituelles Reinigungsbad, erden sich anschließend und sammeln Energien für das bevorstehende Zeremoniell. Danach ziehen Sie in die vier Himmelsrichtungen, beginnend im Osten, die anrufenden Pentagramme zu Ihrem Schutz. Ebenfalls zu Ihrer Sicherheit rufen Sie die Wächter der Elemente.

Ritual:
Nehmen Sie nun das Bild der Person zur Hand, die zurückkommen soll, und schreiben Sie auf die Rückseite:

(Namen und Geburtsdatum der Person)

Legen Sie das Bild anschließend in die Mitte Ihres Altars. Nehmen Sie nun die rote Schlangenkerze, und ritzen Sie mit dem Zahnstocher hinein:

»Du, (Name und Geburtsdatum der Person bzw. Ihres Liebsten), hast Sehnsucht nach mir. Andere Frauen sind Dir völlig gleichgültig, Dein ganzes Inneres leitet Dich zurück zu mir. So sei es, bei Aradia.«

Stellen Sie die Schlangenkerze auf das Bild Ihres Liebsten, und legen Sie die Rose davor. Nachden Sie alles vorbereitet haben, reinigen Sie den Altar, indem Sie ihn mit Salzwasser besprenkeln und sagen:

»Hiermit reinige ich den Altar, Sitz der Göttin Aradia bei diesem Ritual.«

Zünden Sie nun die zwei weißen Kerzen sowie die beiden Rosenräucherstäbchen an, und konzentrieren Sie sich einige Minuten auf Ihren Wunsch. Sehen Sie vor Ihrem inneren Auge ganz deutlich, wie Ihr Partner in der Tür steht, und sagt:

»Ich liebe nur Dich, und wünsche mir, für immer bei Dir zu sein.«

Wenn Sie spüren, daß sich Ihr Wunsch vor Ihrem inneren Auge gefestigt hat, zünden Sie die Schlangenkerze an. Schauen Sie in die Flamme, und visualisieren Sie das Gesicht Ihres Liebsten darin. Sehen Sie, wie Ihr Liebster von der Schlange geschützt wird. Stellen Sie sich nun mit ausgebreiteten Armen vor Ihren Altar, die Handflächen zeigen dabei nach oben. Sprechen Sie nun:

»Oh Aradia, Du mächtige Göttin des Mondes, ich, (sagen Sie Ihren Namen), rufe Dich. Mit aller Macht der Gestirne will ich, daß (sagen Sie den Namen von Ihrem Partner) zurückkommt. Sehnsucht erfüllt sein Herz, bis er bei mir ist. So sei es sofort, mit Deiner Macht, Aradia, Göttin der Liebe.«

Bedanken Sie sich, und verabschieden Sie sich mit Ihren eigenen Worten bei der Göttin Aradia und den Wächtern. Lassen Sie alle Kerzen und Räucherungen ganz abbrennen, und vergraben Sie alle Ritualreste am nächsten Tag nach Sonnenaufgang und vor Mitternacht zur Venuszeit unter einem blühenden Strauch oder einem Baum, der Früchte tragen wird.

Liebeszauber

Dieses Ritual sollten Sie an einem Freitag zur Venuszeit zwischen Sonnenaufgang und 23.00 Uhr zelebrieren.

Sie benötigen:
ein Bild von Ihrem Liebsten, ein Bild von Ihnen, eine Nähnadel, roten Faden, roten Stoff für zwei Puppen, eine Haarsträhne von Ihnen, von Ihrem Partner etwas Handgeschriebenes oder ein Stück Stoff, z.B. von seinem Hemd, sieben rote Rosen, zwei weiße und zwei rote Kerzen, sieben Rosenräucherstäbchen, eine rote Decke, eine Schüssel mit Salzwasser, Zündhölzer und einen Zahnstocher.

Vorbereitung:
Legen Sie die rote Decke auf Ihren Tisch. Bilden Sie aus den sieben roten Rosen einen Kreis auf Ihrem Altar. Stellen Sie die Schüssel mit Salzwasser rechts oben auf Ihren Altar. Innerhalb des Rosenkreises bilden Sie mit den Räucherstäbchen einen etwas kleineren Kreis. Stellen Sie die beiden weißen Kerzen außerhalb des Rosenkreises auf. Mit dem Zahnstocher ritzen Sie in eine rote Kerze:

(Ihren Namen und Ihr Geburtsdatum)

In die andere rote Kerze ritzen Sie:

(Namen und das Geburtsdatum Ihres Liebsten)

Stellen Sie nun die beiden roten Kerzen in die Mitte des Kreises. Wenn Sie alles soweit zu Ihrer Zufriedenheit hergerichtet haben, ziehen Sie sich an einen ruhigen Ort zurück und beginnen, Ihre Puppen zu nähen. Während Sie die Puppe nähen, die Ihren Partner symbolisieren soll, stellen Sie sich ganz genau vor, wie das Ergebnis aussieht. Füllen Sie die Puppe Ihres Partners mit dem Stückchen Stoff seines Hemdes oder mit dem Handgeschriebenen. Die Puppe, die Sie selbst symbolisieren soll, füllen Sie mit Ihrer Haarsträhne. Nähen Sie nun beide Puppen zu. Schreiben Sie auf die Rückseite des Bildes Ihres Partners:

(seinen Namen und sein Geburtsdatum)

Befestigen Sie das Bild am Kopf der ihn symbolisierenden Puppe. Mit Ihrem Bild und Ihrer Puppe verfahren Sie genauso, natürlich schreiben Sie aber vorher auf die Rückseite des Bildes:

(Ihren Namen und Ihr Geburtsdatum)

Achten Sie darauf, daß jedes Bild so gut befestigt ist, daß es während oder nach dem Ritual nicht abfallen kann. Legen Sie nun die beiden fertigen Puppen in den Rosenkreis. Lassen Sie den Altar und die beiden Puppen einige Minuten auf sich wirken.
Die vor jedem Ritual übliche rituelle Reinigung und das Sammeln von positiver Energie führen Sie natürlich auch vor dieser Zeremonie aus. Danach ziehen Sie, wie auch bei anderen weißmagischen Ritualen üblich, die anrufenden Pentagramme zum Schutz. Wenn Sie einen sogenannten »Magischen Kreis« haben, dann können Sie diesen selbstverständlich auch auslegen. Jetzt rufen Sie

die Wächter der Elemente an und bitten um Hilfe und Beistand für das folgende Ritual.

Ritual:
Zünden Sie nun die zwei weißen Kerzen an, und sagen Sie:

»Mächtige Geister des Feuers, des Wassers, der Erde und der Luft, ich rufe Euch. Herbei, herbei, ich, (sagen Sie Ihren Namen), bitte Euch, bindet (sagen Sie den Namen des Partners) an mich.«

Zünden Sie nun die sieben Rosenräucherstäbchen und die beiden roten Kerzen an. Nehmen Sie die Schüssel mit Salzwasser zu Ihrer Rechten. Heben Sie nun die Puppe hoch, die Ihren Partner symbolisiert. Besprenkeln Sie sie mit Salzwasser, und sprechen Sie:

»Du bist nicht Wachs, Du bist nicht Stoff und auch nicht Stein. Du bist ein Mensch aus Fleisch und Blut. Ich taufe Dich auf den Namen (sagen Sie den Namen Ihres Liebsten).«

Nehmen Sie nun die Puppe, die Sie selbst symbolisiert und taufen Sie auch diese. Besprenkeln Sie Ihre Puppe mit Salzwasser, und sprechen Sie:

»Du bist nicht Wachs, Du bist nicht Stoff und auch nicht Stein, Du bist ein Mensch aus Fleisch und Blut. Ich taufe Dich auf den Namen (sagen Sie Ihren Namen).«

Nehmen Sie jetzt beide Puppen, und binden Sie diese Herz an Herz, bzw. mit den Gesichtern zueinander, mit einem roten Faden zusammen. Knüpfen Sie in die Fadenenden sieben Knoten hinein, wobei Sie bei jedem Knoten sprechen:

»Wir sind auf ewig miteinander verbunden
durch das Band der Götter.«

Legen Sie die zusammengebundenen Puppen zurück in den Rosenkreis. Bedanken Sie sich mit Ihren eigenen Worten bei den Geistern und den Wächtern der Elemente, und verabschieden Sie sich. Lassen Sie nun alle Kerzen und Räucherungen ganz abbrennen, und vergraben Sie diese am darauffolgenden Freitag zur Venuszeit unter einem Baum, der Früchte trägt oder tragen wird. Die Puppen bewahren Sie so lange sorgfältig auf, bis sich Ihr Wunsch endgültig erfüllt hat. Dazu wickeln Sie sie in die rote Altardecke, damit keine negativen Einflüsse mit ihnen in Berührung kommen. Wenn das Ziel erreicht ist, vergraben Sie die Puppen mit dem Tuch unter demselben Baum, auch an einem Freitag zur Venuszeit zwischen Sonnenaufgang und Mitternacht.

Komm zu mir
(Come to me)

Dieses Ritual zelebrieren Sie an einem Freitag zur Mond- oder Venuszeit zwischen Sonnenaufgang und 23.00 Uhr.

Sie benötigen:
zwei weiße Kerzen, zwei rote Kerzen, »Come-to-me«-Öl sowie zwei »Come-to-me«-Räucherstäbchen, Blätter einer roten Rose, eine Schale mit etwas Salzwasser, eine rote Tischdecke, Zündhölzer und einen Zahnstocher.

Vorbereitung:
Bereiten Sie nun Ihren Altar für das Liebesritual vor. Legen Sie die rote Decke auf den Tisch, stellen Sie die zwei weißen Kerzen links und rechts auf den Altar. Ritzen Sie mit dem Zahnstocher in die eine rote Kerze:

(Namen und Geburtsdatum ihres Liebsten)

und in die andere:

(Ihren Namen und Ihr Geburtsdatum)

Stellen Sie die beiden roten Kerzen in die Mitte des Tisches. Beträufeln Sie nun die beiden roten Kerzen mit »Come-to-me«-Öl. Stellen Sie vor die roten Kerzen je ein »Come-to-me«-Räucherstäbchen. Nun verteilen Sie die Rosenblätter auf Ihrem Altar. Die Vorbereitungen sind abgeschlossen.

Ritual:
Nach Ihrer eigenen rituellen Reinigung, dem Ziehen der anrufenden Pentagramme und dem Anrufen der Wächter, reinigen Sie Ihren Altar, indem Sie ihn mit etwas Salzwasser besprenkeln und sprechen:

»Ich, (sagen sie Ihren Namen), reinige hiermit die göttliche Stätte für das Liebesritual. So sei es.«

Entzünden Sie beiden weißen Kerzen, und sprechen Sie:

»Mächtige Göttin Aradia, ich rufe Dich herbei.
Komm zu mir und hör mein Flehen.«

Zünden Sie die roten Kerzen und die Räucherstäbchen an. Konzentrieren Sie sich einige Minuten auf die Flammen der roten Kerzen. Stellen Sie sich Ihren Wunsch bildlich vor. Breiten Sie dann Ihre Arme, mit den Handflächen nach oben weisend, seitlich aus, und sprechen Sie:

»(Sagen Sie den Namen des Liebsten), Du findest weder Ruhe noch Schlaf. Dein Herz ist erfüllt von Sehnsucht nach meiner Liebe und Zärtlichkeit. Die Rastlosigkeit und die Unruhe, die Du momentan verspürst, fallen sofort von Dir ab, wenn Du in Liebe wieder mit mir vereint bist. So sei es, im Namen der mächtigen Mondgöttin Aradia.«

Lassen Sie alle Kerzen und Räucherungen ganz abbrennen, und vergraben Sie alle Reste am darauffolgendem Freitag zur Mond- oder Venuszeit unter einem Baum Ihrer Wahl, der Blüten oder Früchte hat oder haben wird.

Heiße Liebe

Dieses Ritual wird an einem Freitag zur Mondzeit oder Venuszeit zelebriert. Richtig sind die Zeiten, die zwischen Sonnenaufgang und 23.00 Uhr liegen.

Sie benötigen:
zwei gelbe, zwei weiße und zwei rote Kerzen, etwas Moschusöl, sieben Weihrauch-Räucherstäbchen, eine weiße oder rote Decke für den Ritualtisch, frische rote und gelbe Rosen oder getrocknete Rosenblütenblätter zum Ausschmücken Ihres Altars, Zündhölzer und eine Schale mit Salzwasser.

Vorbereitung:
Legen Sie die Decke auf Ihren Tisch, und stellen Sie die zwei weißen Kerzen links und rechts auf Ihren Altar. Reiben Sie die zwei gelben und die beiden roten Kerzen mit Moschusöl ein, und stellen Sie vor eine rote jeweils eine gelbe Kerze. Mit den Räucherstäbchen bilden Sie einen Kreis um die Kerzen. Es folgt Ihre persönliche Reinigung und das Erden mit dem anschließenden Sammeln von positiver Energie. Dann schützen Sie sich, Ihr Ritual und Ihr Heim, mit dem Ziehen der anrufenden Pentagramme vor vielerlei negativen Einflüssen oder Wesenheiten. Jetzt rufen Sie noch die Wächter der vier Elemente, und dann können Sie mit Ihrem Ritual beginnen.

Ritual:
Zünden Sie die weißen Kerzen an, und bitten Sie die Göttin um Beistand für dieses Ritual der Liebe. Wenn Sie zur Mondzeit zelebrieren, rufen Sie Aradia an:

»Oh Aradia, mächtige Göttin des Mondes, unter Deinem Schutz stehen Heim und Liebe. Komm herbei, und höre meinen Wunsch: (Sagen Sie jetzt Ihren Wunsch.)«

Wenn Sie bei Venuszeit zelebrieren, rufen Sie Diana wie folgt an:

»Oh Diana, Du große und weise Muttergöttin, ich, (sagen Sie Ihren Namen), rufe Dich herbei. Höre meine Bitte: (Sagen Sie Ihre Bitte.)«

Zünden Sie nun die gelben und roten Kerzen sowie alle Räucherstäbchen an. Sehen Sie ganz ruhig in die Flammen, und visualisieren Sie Ihren Wunsch. In Gebetshaltung sagen Sie:

»Mein Liebster, (sagen Sie seinen Namen), eile herbei. Heiße Liebe, heißes Herz, eile herbei, eile herbei, eile herbei. So sei es, im Namen der großen Göttin, ab sofort.«

Bedanken Sie sich dann bei der Göttin und den Wächtern, und verabschieden Sie sich mit Ihren eigenen Worten. Die Räucherstäbchen und Kerzen lassen Sie ganz abbrennen. Werfen Sie die Reste des Rituals dann in fließendes Gewässer, wobei Sie den Resten im Wasser nicht hinterhersehen. Seien Sie gewiß, daß sich schon bald Ihr Herzenswunsch erfüllt haben wird.

Verlorenes Herz, komm zurück

Dieses Ritual können Sie an einem Montag oder Freitag zur Venuszeit zwischen Sonnenaufgang und 23.00 Uhr zelebrieren.

Sie benötigen:
eine rote Decke, zwei etwa 10 cm hohe, weiße Stumpenkerzen, eine rote männliche Figurenkerze, sieben Dion-Räucherstäbchen, ein Schüsselchen mit Salzwasser, eine feuerfeste Schale, gefüllt mit etwas Sand oder Salz, Räucherkohle, eine Tonkabohne, sieben gelbe Rosen, etwas Liebes-Räuchermischung, Zündhölzer und einen Zahnstocher.

Vorbereitung:
Legen Sie die rote Decke über den Tisch. Stellen Sie nun die weißen Stumpenkerzen jeweils rechts und links oben auf Ihren Altar. Ritzen Sie nun mit dem Zahnstocher in die männliche rote Figurenkerze:

(Namen und Geburtsdatum der Person, die Sie zurück haben möchten)

Plazieren Sie die Figurenkerze in die Mitte des Altars, und stellen Sie die Räucherstäbchen rings um die männliche Kerze, so daß diese einen Kreis bilden. Verteilen Sie anschließend die gelben Rosen auf Ihrem Tisch. Die feuerfeste Schale mit Sand oder Salz stellen Sie dann vor den Kreis mit den Räucherstäbchen. Auf den Sand legen Sie noch die Kohletablette. Das Schüsselchen mit dem Salzwasser stellen Sie auf der rechten Tischseite bereit. Ihre

Vorbereitungen sind jetzt abgeschlossen, und Sie können sich somit selbst der rituellen Reinigung unterziehen.

Ritual:
Ziehen Sie die vier anrufenden Pentagramme in der richtigen Reihenfolge. Wenn Sie einen sogenannten »Magischen Kreis« haben, dann können Sie diesen zum Schutz natürlich auch um Ihren Altar und sich selbst ziehen. Wie immer reinigen Sie auch diesmal Ihren Altar und sämtliche Utensilien, indem Sie alles mit Salzwasser besprenkeln und sagen:

»Hiermit reinige ich, (sagen Sie Ihren Namen), diesen Altar für mein Ritual.«

Zünden Sie jetzt die beiden weißen Kerzen an, und sprechen Sie:

»Große Wächter des Ostens, des Südens, des Westens und des Nordens, ich rufe Euch. Öffnet Eure Pforten, und laßt die mächtige Göttin Aradia hindurch treten. Wacht über meinen Altar, und laßt keine Höllengestalten durch Euer Tor. So sei es.«

Entzünden Sie nun die rote Figurenkerze und die sieben Räucherstäbchen. Sagen Sie:

»Mächtige Aradia, ich, Deine Dienerin (sagen Sie Ihren Namen), rufe Dich. Eile herbei geschwind, hilf mir in meiner Not und erhöre mein Flehen. Mein Liebster,

(sagen Sie seinen Namen), soll voller Liebe zu mir zurückkommen. So sei es, in Deinem Namen.

Aus Dankbarkeit und zu Ehren der Göttin verbrennen Sie nun die Liebesräucherung mit der Tonkabohne. Dazu zünden Sie die Kohletablette an, und warten einen Moment, bis sie durch und durch glüht. Dann geben Sie immer etwas Räuchermischung und die Tonkabohne auf die glühende Kohle. Während die Räucherung mit der Bohne brennt stellen Sie sich Ihren Wunsch bildlich vor und seien Sie sich absolut sicher, daß Ihr Wunsch in Erfüllung geht.
Bedanken Sie sich, und verabschieden Sie sich von den Wächtern und von der Göttin mit Ihren eigenen Worten. Lassen Sie die Kerzen und Räucherungen abbrennen, und vergraben Sie die Reste am darauffolgendem Abend unter einem alten Baum Ihrer Wahl.

Verlobungsritual

Dieses Ritual wird sieben Tage vor der Verlobung zur Mond- oder Venuszeit zwischen Sonnenaufgang und Mitternacht zelebriert.

Sie benötigen:
eine rosarote Seidendecke, sieben rosarote Rosen, zwei rosarote Kerzen, zwei weiße Kerzen, eine rote Kerze, sieben Rosen-Weihrauch-Räucherstäbchen, etwas Treueöl, Zündhölzer,

einen Zahnstocher, ein Schüsselchen mit Salzwasser, einen 20 cm langen roten Faden und je ein Bild von sich und Ihrem Partner.

Vorbereitung:
Legen Sie die Seidendecke auf Ihren Tisch, und stellen Sie links und rechts oben je eine weiße Kerze auf. Formen Sie aus den sieben Rosen einen Kreis in der Mitte Ihres Altares. Die Rosen-Weihrauch-Räucherstäbchen stellen Sie nebeneinander in einer Reihe hinter dem Rosenkreis auf. Ritzen Sie nun mit dem Zahnstocher in die eine rosafarbene Kerze:

(Namen und Geburtsdatum Ihres Liebsten)

und in die andere:

(Ihren Namen und Ihr Geburtsdatum)

Nehmen Sie nun das Bild Ihres Partners, und wickeln Sie es so um die Kerze, die seinen Namen trägt, daß es mit dem Gesicht nach innen, d.h. zum Wachs, zeigt. Das gleiche machen Sie mit Ihrem Bild und Ihrer Kerze. Anschließend binden Sie die beiden präparierten Kerzen mit dem roten Faden fest zusammen und stellen sie in die Mitte des Rosenkreises. In die rote Kerze ritzen Sie nun ebenfalls:

(Ihren Namen und Ihr Geburtstag)

und

(Namen und Geburtstag des Partners)

sowie folgenden Satz:

»In Liebe vereint, in Treue gebunden
sind die Herzen verbunden.«

Stellen Sie nun die rote Kerze ebenfalls in den Rosenkreis zu den gebundenen Kerzen. Ihre Vorbereitungen sind jetzt abgeschlossen, und Sie können mit Ihrer eigenen rituellen Reinigung beginnen. Nach dem Energiesammeln reinigen Sie nun noch den Altar mit allen Utensilien, indem Sie ihn mit Salzwasser beträufeln und dabei sprechen:

»Ich, (sagen Sie Ihren Namen), reinige diesen Altar
für mein Verlobungsritual.«

Ziehen Sie anschließend die anrufenden Pentagramme, und legen Sie eventuell auch noch Ihren »Magischen Kreis« zum Schutz für Sie und Ihr Ritual aus. Jetzt rufen Sie die Wächter der Elemente um Hilfe und Beistand an.

Ritual:
Beträufeln Sie nun den gesamten Altar und alle Kerzen mit etwas Treueöl, und denken Sie dabei, wie liebevoll Ihr Partner zu Ihnen ist. Zünden Sie dann die beiden weißen Kerzen sowie die sieben Rosen-Weihrauch-Räucherstäbchen an. Nehmen Sie jetzt die Anrufungshaltung ein, und rufen Sie:

»Geister des Feuers, des Wassers, der Erde und der Luft ich rufe Euch. Herbei, herbei geschwind, hört, was ich rufe, hört, was ich erflehe.«

Zünden Sie nun die beiden rosaroten Kerzen an, und sagen Sie:

»So wie der Faden die Kerzen bindet, so ist unsere Liebe gebunden. Zusammengebunden, zusammengeschnürt, so sei unsere Liebe zu aller Zeit.«

Zünden Sie nun auch die rote Kerze an, und sprechen Sie:

»Große Göttin Aradia, mächtige Diana, Lilith, Hekate
durch Tag und Nacht, durch Hell und Dunkel,
hört mein Bitten, hört mein Flehen.
(Sagen Sie den Namen des Partners) und ich,
(sagen Sie Ihren Namen), sind in Liebe verbunden.
Mit aller Macht und göttlicher Kraft sind wir
zusammengeschweißt. In Eurem göttlichen Namen,
so sei es.«

Fühlen Sie die Anwesenheit der Gerufenen, und spüren Sie durch die Wärme in Ihnen, daß Ihre Bitten Realität werden. Lassen Sie den Altar und die gesamte Situation auf sich wirken, wobei Sie sich noch einmal bildlich vorstellen, wie das Leben mit Ihrem Partner sein wird. Danken Sie, und verabschieden Sie sich mit Ihren eigenen Worten bei den Göttinnen und den Wächtern. Verbringen Sie die nächsten Stunden mit angenehmen Dingen, und lassen Sie alle Kerzen und Räucherungen ganz abbrennen. Vergraben Sie dann alle Ritualreste drei Tage vor Ihrer Verlobung zur Venuszeit in einem Wald.

Treues Herz

Dieses Ritual können Sie an einem Freitag zur Venuszeit zwischen Sonnenaufgang und 23.00 Uhr zelebrieren.

Sie benötigen:
eine rosafarbene Decke, eine rosarote Kerze, zwei Rosen-Räucherstäbchen, eine rosafarbene Rose, ein Schälchen mit Salzwasser und etwas Rosenöl, Zündhölzer und einen Zahnstocher.

Vorbereitung:
Zuerst legen Sie die rosarote Decke über Ihren Tisch. Stellen Sie die Rose oben auf Ihren Altar. Ritzen Sie nun mit dem Zahnstocher folgendes in die rosarote Kerze.

»Du, (Name und Geburtsdatum Ihres Partners), bist mir treu in allen Lebenslagen. Andere Frauen/Männer interessieren Dich überhaupt nicht.«

Plazieren Sie die Kerze in die Mitte Ihres Altars. Links und rechts neben der Kerze stellen Sie je ein Räucherstäbchen auf. Lassen Sie etwas Rosenöl über die Kerze laufen, oder reiben Sie diese mit dem Öl ein, achten Sie aber darauf, daß der Docht auch mit dem Rosenöl benetzt ist. Bevor Sie nun mit dem eigentlichen Ritual beginnen, nehmen Sie ein rituelles Reinigungbad und sammeln anschließend positive Energie für das Zeremoniell. Legen Sie einen »Magischen Kreis« aus, und ziehen Sie dann die anrufenden Pentagramme, wie immer beginnend im Osten. Besprenkeln Sie nun zur Reinigung von negativen Einflüssen den gesamten Altar mit etwas Salzwasser, und sprechen Sie dabei:

»Ich, (sagen Sie Ihren Namen), reinige hiermit diesen Altar für mein Treueritual.«

Jetzt rufen Sie noch zum Schutz für Ihr Ritual die Wächter der Elemente, und dann beginnen Sie mit dem Hauptritual.

Ritual:
Zünden Sie nun die Räucherstäbchen an, und lassen Sie den Rosenduft auf sich wirken. Versuchen Sie in der zeitlichen Folge nur nach Ihrem Gefühl zu gehen. Wenn Sie der Meinung sind, der Duft ist am intensivsten, entzünden Sie auch die Kerze, und lassen Sie Ihren Gefühlen und Ihrer Vorstellungskraft freien Lauf. Versuchen Sie, alles in sich aufzunehmen. Empfinden Sie die Liebe Ihres Geliebten, seine Treue zu Ihnen und sein Vertrauen. Immer dann, wenn Sie glauben, daß Ihre Vorstellung oder Ihr Gefühl am deutlichsten sind, machen Sie im Ritual weiter. Stellen Sie sich vor Ihren Altar in Anrufungshaltung (Arme seitwärts ausgestreckt, mit den Handflächen nach oben). Sprechen Sie:

»Große Diana, ich, (sagen Sie Ihren Namen), rufe Dich, mächtige Muttergöttin, erhöre mich.«

Nehmen Sie jetzt die Gebetshaltung ein (vor der Brust überkreuzte Hände), und sagen Sie in klarem Ton:

»Du, (Namen des Geliebten), ekelst Dich vor anderen Frauen. Du hast nur noch Augen für mich. Liebe und Sehnsucht treiben Dich nur in meine Arme. Oh große, mächtige Göttin Diana, so sei es in Deinem Namen.«

Lassen Sie die ganze Atmosphäre auf sich wirken, und wenn Sie schließlich das Zeremoniell beenden wollen, verbeugen Sie sich vor dem Altar und sprechen:

»In Hochachtung und Liebe bedanke ich mich und verabschiede mich von Dir, große Diana.«

Bei den Wächtern der Elemente bedanken und verabschieden Sie sich mit Ihren eigenen Worten, bitten sie jedoch, die Tore wieder zu schließen, da Ihr Ritual beendet ist. Lassen Sie die Kerze und die Räucherung ganz abbrennen. Vergraben Sie alle Ritualreste an einem Freitag zur Venuszeit zwischen Sonnenaufgang und Mitternacht unter einem Baum, der Blüten tragen wird oder schon in Blüte steht.

Goldene Liebe

Dieses Ritual wird an einem Sonntag um 16.00 Uhr zelebriert (17.00 Uhr Sommerzeit).

Sie benötigen:
eine goldfarbene Decke, zwei goldfarbene Kerzen, zwei weiße Kerzen, etwas »Golden-Love«-Öl, zwei Sandelholz-Räucherstäbchen, Zündhölzer, einen Zahnstocher, eine Schale mit Salzwasser, zwei goldene Ringe und einen 10 cm langen, goldfarbenen Faden.

Vorbereitung:
Legen Sie die goldfarbene Decke auf den Tisch, und stellen Sie die beiden weißen Kerzen links und rechts oben auf Ihren Altar. Mit dem Zahnstocher ritzen Sie nun in die eine goldfarbene Kerze:

(Namen und Geburtsdatum Ihres Liebsten)

und in die andere:

(Ihren Namen und Ihr Geburtsdatum)

Nehmen Sie jetzt Ihr Reinigungsbad, und sammeln Sie Energie für Ihr Ritual. Trocknen Sie sich ab, und begeben Sie sich dann zu Ihrem Altar.

Ritual:
Mit dem Ziehen der anrufenden Pentagramme in alle vier Himmelsrichtungen schaffen Sie einen Schutz für sich selbst und für Ihr Ritual. Reinigen Sie die beiden

Kerzen nun in der üblichen Art und Weise mit Salzwasser und Ihren eigenen Worten. Danach reiben Sie die Kerzen mit »Golden-Love«-Öl ein. Plazieren Sie die beiden goldfarbenen Kerzen dann in die Mitte Ihres Altars, und stellen Sie jeweils ein Sandelholz-Räucherstäbchen davor auf. Reinigen Sie nun auch die beiden goldenen Ringe mit Salzwasser, und reiben Sie diese anschließend kräftig mit »Golden-Love«-Öl ein. Binden Sie nun die Ringe mit dem goldfarbenen Faden zusammen, und knüpfen Sie neun Knoten hinein. Bei jedem Knoten sagen Sie:

»Gebunden und im goldenen Licht des Göttlichen ist unsere Liebe.«

Legen Sie die beiden Ringe hinter die goldfarbenen Kerzen, und sagen Sie:

»So sei es, ab heute!«

Besprenkeln Sie den gesamten Altar zur Reinigung nochmal mit dem Salzwasser, und sprechen Sie:

»Hiermit reinige ich diesen Altar für mein Liebesritual.«

Zünden Sie jetzt die beiden weißen Kerzen an und sprechen Sie:

»Ihr Wächter des Ostens, des Südens, des Westens und des Nordens, ich, (sagen Sie Ihren Namen), rufe Euch.

Haltet Wache jetzt zu dieser Stund. Haltet Eure Tore
für alles Böse verschlossen.«

Entzünden Sie die Räucherstäbchen und die beiden goldfarbenen Kerzen. Breiten Sie Ihre Arme aus bzw. gehen Sie in Anrufungshaltung, und rufen Sie:

»Mächtige Aradia, sieh, die Tore sind geöffnet. Eile herbei
für mein Ritual der Liebe. Golden ist das Licht Deiner
Liebe, golden die Kerzen, und golden sind die Ringe
der ewigen Liebe. Ohne Anfang und ohne Ende wie dieser
Ring soll die Liebe zwischen (Name des geliebten Partners)
und mir, (sagen Sie Ihren Namen), sein.
Mit Deiner göttlichen Kraft, so sei es, ab sofort!«

Halten Sie noch einen Moment inne, fühlen Sie sich eins mit der Göttin, und wissen Sie, daß Ihr Wunsch in Erfüllung geht. Mit diesem Wissen im Herzen bedanken Sie sich und verabschieden sich mit Ihren eigenen Worten von der Göttin und den Wächtern. Lassen Sie alle Kerzen und Räucherungen ganz abbrennen, und vergraben Sie die Reste des Rituals am darauffolgenden Abend, noch vor Mitternacht. Nachdem Sie alles vergraben haben, lösen Sie die Knoten des Fadens, der die Ringe zusammenhält. Geben Sie einen Ring Ihrem Liebsten, und tragen Sie den anderen selbst am linken Ringfinger.

Glühende Liebe

Dieses Ritual können Sie an einem Freitag zur Venuszeit, z.B. um 22.00 Uhr (23.00 Uhr Sommerzeit), zelebrieren. Natürlich auch zu anderen Venuszeiten, aber auf alle Fälle zwischen Sonnenaufgang und 23.00 Uhr.

Sie benötigen:
eine rote Decke, zwei silberfarbene Kerzen, zwei rote Kerzen, eine feuerfeste Schale, gefüllt mit Sand oder Salz, eine Kohletablette, eine kleine Alraunenwurzel, Liebes-Räucherung, zwei Rosen-Weihrauch-Räucherstäbchen, etwas Liebesöl, je ein Bild von Ihnen selbst und von Ihrem Partner, etwas Drachenblut-Tinte und ein Stück Jungfernpergament, Zündhölzer und einen Zahnstocher.

Vorbereitung:
Legen Sie die rote Decke auf den Tisch. Mit dem Zahnstocher ritzen Sie in die eine silberfarbene Kerze:

»In Dankbarkeit für Diana, der Göttin der Jagd«

und in die andere:

»In Dankbarkeit für Aradia, der Göttin des Mondes«

Legen Sie die Kerzen bis zur Reinigung einfach auf den Tisch. Ritzen Sie nun in die eine rote Kerze:

(Namen und Geburtsdatum Ihres Liebsten)

und in die andere:

(Ihren Namen und Ihr Geburtsdatum)

Auch diese Kerzen legen Sie bis zur Reinigung einfach auf den Tisch. Die Rosen-Räucherstäbchen halten Sie auch bereit. Nehmen Sie die feuerfeste Schale zur Hand, und legen Sie die Kohletablette auf den Sand. Stellen Sie die Schale nun so auf den Tisch, daß hinter ihr etwas mehr Platz ist als davor.
Legen Sie jetzt auch noch alle anderen Utensilien in greifbare Nähe. Dann sind Ihre Vorbereitungen abgeschlossen, und Sie können Ihr rituelles Bad nehmen und anschließend positive Energie sammeln.

Ritual:
Begeben Sie sich nun zu Ihrem Altar, und reinigen Sie die Kerzen, beginnend mit den silberfarbenen Kerzen. Nehmen Sie jede Kerze einzeln in die Hand, und reiben Sie mit Salzwasser ab, wobei Sie sprechen:

»Hiermit reinige ich, (sagen Sie Ihren Namen),
diese Kerze für mein Ritual.«

Stellen Sie nun eine der silberfarbenen Kerzen links, und die andere rechts oben auf Ihrem Altar auf, und setzen Sie je ein Rosen-Räucherstäbchen davor.
Die roten Kerzen reinigen Sie auch mit Salzwasser und sprechen:

»Hiermit reinige ich, (sagen Sie Ihren Namen), diese Kerze für mein Ritual.«

Anschließend reiben Sie die beiden roten Kerzen gut mit dem Liebesöl ein und plazieren sie, eng aneinander stehend, hinter dem Räucherkessel. Hinter die roten Kerzen legen Sie die beiden Bilder.
Nehmen Sie jetzt das Jungfernpergament, und schreiben Sie mit der Drachenblut-Tinte folgendes darauf:

»Glühende Liebe, feuriges Herz, (Name des Partners) und (Ihr Namen) sind vereint, wie die Glut mit der Flamme und der Kerze vereint ist. So sei es, im Namen der Göttinnen Diana und Aradia.«

Legen Sie nun das beschriebene Jungfernpergament vor die Räucherschale. Reinigen Sie jetzt noch Ihren gesamten Altar, indem Sie ihn mit etwas Salzwasser besprenkeln und sagen:

»Hiermit reinige ich, (sagen Sie Ihren Namen) diesen Altar für mein Liebesritual.«

Zum Schutz ziehen Sie dann die vier anrufenden Pentagramme, legen eventuell Ihren »Magischen Kreis« aus, und rufen die Wächter der Elemente sowohl zum Schutz, als auch als Hilfe an. Zünden Sie die Kohletablette an, und warten Sie einen Moment bis diese richtig glüht. Geben Sie dann nach und nach die Liebes-Räucherung und die Alraunenwurzel auf die Kohle. Entzünden Sie die Rosen-Räucherstäbchen und die beiden silberfarbenen Kerzen. Nehmen Sie nun die Gebetshaltung ein (Arme vor der Brust überkreuzt), und verharren Sie einen Moment in Dankbarkeit und zu Ehren der Göttinnen Diana und Aradia. Nehmen Sie anschließend die Anrufungshaltung ein, und sagen Sie:

»Ihr mächtigen Göttinnen schaut auf mein Ritual,
und erhört mein Bitten.«

Zünden Sie nun auch die zwei roten Kerzen an, und sagen Sie laut, immer noch in Anrufungshaltung:

»Du, (Name des Liebsten) verehrst mich, (Ihr Name), mit glühender Liebe und Leidenschaft. Blind bist Du bei anderen Frauen, klar ist Dein Blick nur für mich. So sei es, im Namen der mächtigen Göttinnen Diana und Aradia.«

Verbrennen Sie nun im Räucherkessel das Jungfernpergament und beide Bilder. Lassen Sie dann noch alle Kerzen und Räucherungen ganz abbrennen. Vergraben Sie alle Ritualreste am darauffolgenden Tag, ebenfalls zur Venuszeit, unter einem Strauch oder Baum, der blüht oder blühen wird.

Liebesritual bei Vollmond

Dieses Ritual können Sie an jedem Vollmond entweder zur Mond- oder Venuszeit zwischen Sonnenaufgang und 23.00 Uhr zelebrieren.

Sie benötigen:
eine silberfarbene Decke, zwei silberfarbene Kerzen, eine rote Kerze, Liebesöl, getrocknete Blätter von sieben weißen Rosen, sieben Weihrauch-Räucherstäbchen, eine Schüssel mit Salzwasser, Zündhölzer und einen Zahnstocher.

Vorbereitung:
Breiten Sie die silberfarbene Decke über den Tisch, und ordnen Sie darauf die Weihrauch-Räucherstäbchen zu einem Kreis an. Stellen Sie die beiden silberfarbenen Kerzen in seine Mitte, und verteilen Sie die Rosenblätter auf Ihrem Altar. Legen Sie auch alle anderen Utensilien parat, und begeben Sie sich zum rituellen Reinigungsbad.

Ritual:
Sammeln Sie die nötige Energie für Ihr Ritual, und begeben Sie sich wieder zu Ihrem Altar, um auch diesen und sämtliche anderen Gegenstände zu reinigen. Besprenkeln Sie dazu alles mit etwas Salzwasser, und sagen Sie:

»Ich, (sagen Sie Ihren Namen), reinige hiermit meinen Altar für das Liebesritual.«

Jetzt ziehen Sie die anrufenden Pentagramme in der richtigen Reihenfolge und rufen die Wächter der Elemente.

Ritzen Sie nun mit dem Zahnstocher in die rote Kerze:

»Du, (Namen des geliebten Partners), liebst mich aus tiefstem Herzen. Alle Hindernisse, die uns trennen, schmelzen dahin, sie verschwinden im Nichts, und wir sind vereint. So sei es, ab sofort!«

Reiben Sie die Kerze jetzt gut mit Liebesöl ein, und stellen Sie sie ebenfalls in die Mitte des Weihrauchkreises. Zünden Sie dann die Weihrauch-Räucherstäbchen und die beiden silberfarbenen Kerzen an. Nehmen Sie die Anrufungshaltung ein, und sprechen Sie:

»Luna, oh Luna, silbern leuchtend begleitest Du dies Ritual der Liebe. Aradia, du mächtige Göttin des Mondes, höre, was ich begehre in dieser Nacht, wo Luna voll wacht.«

Entzünden Sie jetzt auch die rote Kerze, und sagen Sie:

»So rund und voll wie Luna heut ist, so rund und voll soll unsere Liebe sein. (Name des Partners) liebt mich aus tiefstem Herzen. Treue und Liebe sind unsere ständigen Begleiter.«

Lassen Sie die Atmosphäre und den Altar noch einige Zeit auf sich wirken, und verabschieden Sie sich dann bei der Göttin und den Wächtern mit Ihren eigenen Worten. Alle Kerzen und Räucherungen lassen Sie ganz abbrennen. Vergraben Sie alle Reste in der darauffolgenden Nacht zur Mond- oder Venuszeit, jedoch vor Mitternacht, unter einer alten Eiche.

TEIL V

Fruchtbarkeit

Fruchtbarkeitsritual mit einer Figurenkerze

Dieses Ritual wird an einem Montag, bei zunehmendem Mond, um 15.00 Uhr oder um 22.00 Uhr (jeweils Mondzeit) zelebriert (16.00 Uhr bzw. 23.00 Uhr Sommerzeit).

Sie benötigen:
eine rosafarbene Decke, zwei weiße Altarkerzen, eine weibliche rosafarbene Figurenkerze, zwei Moschus-Räucherstäbchen, ein Fläschchen Fruchtbarkeitsöl sowie getrocknete Blätter von sieben rosaroten Rosen, Zündhölzer, einen Zahnstocher und während des Rituals etwas Scheidensekret.

Vorbereitung:
Breiten Sie zuerst die Decke über Ihren Altar, und setzen Sie auf diesen dann links und rechts oben die beiden Moschus-Räucherstäbchen. Dahinter plazieren Sie je eine weiße Altarkerze.
Legen Sie auch die anderen Utensilien bereit, und begeben Sie sich dann zum rituellen Reinigungsbad. Danach sammeln Sie, wie immer nach dem Erden, noch die nötige Energie für Ihr Ritual und begeben sich wieder zu Ihrem Altar, um auch diesen und sämtliche anderen Gegenstände zu reinigen.

Ritual:
Besprenkeln Sie alles mit etwas Salzwasser, und sagen Sie dabei:

»Ich, (sagen Sie Ihren Namen), reinige hiermit meinen Altar für das Fruchtbarkeitsritual.«

Jetzt ziehen Sie die anrufenden Pentagramme in der richtigen Reihenfolge und rufen die Wächter der Elemente. Besprenkeln Sie die weißen Altarkerzen nun mit etwas Fruchtbarkeitsöl. Nehmen Sie die Figurenkerze zur Hand, und ritzen Sie folgendes mit dem Zahnstocher in den Rücken der Figur:

(Ihren Namen und Ihr Geburtsdatum)

sowie:

»Ich trage die göttliche Frucht unter meinem Herzen.«

Reiben Sie die Kerze nun mit Ihrem Scheidensekret und anschließend kräftig mit dem Fruchtbarkeitsöl ein. Stellen Sie sie dann in die Mitte Ihres Ritualtisches, und verteilen Sie die Rosenblätter rings um die Kerze. Zünden Sie zuerst die beiden weißen Altarkerzen, und dann die beiden Räucherstäbchen an. Nehmen Sie die Anrufungshaltung ein, und sagen Sie:

»Mondgöttin Aradia, oh Du weise Göttin der Liebe, ich,
(sagen Sie Ihren Namen), rufe Dich hierher zu dieser
heiligen Stätte. Erscheine und erhör mein Flehen. Von
Herzen wünsch ich mir ein Kind, ein Bübchen/Mädchen
soll es sein. Lieben und behüten, das gelob ich Dir,
werd ich ihn/sie zu aller Zeit.«

Entzünden Sie nun auch die Figurenkerze, und sprechen Sie erneut in Anrufungshaltung:

»Oh Aradia, sieh in mein Herz, und auch Du weißt,
wie sehr ich mir wünsch dieses Kind. In meinem Leib
wächst es heran, voll Liebe und Frieden.
Dein göttliches Licht hüllt es ein, daß (er/sie) gesund
und kräftig bald die Welt erblickt. So sei es, in Deinem
Namen, Du große Göttin der Liebe.«

Wie immer halten Sie noch einige Zeit inne und fühlen in sich hinein. Lassen Sie die Atmosphäre auf sich wirken, vertrauen Sie auf sich, auf Ihren Körper und auf die göttliche Kraft in Ihnen, mit der Sie in diesem Moment besonders verbunden sind. Verneigen Sie sich dann vor Ihrem Altar, und bedanken Sie sich bei der Göttin und den Wächtern mit Ihren eigenen Worten. Verabschieden Sie sich, und lassen Sie alle Kerzen und Räucherungen ganz abbrennen. Bewahren Sie alle Ritualreste an einem sicheren Platz auf, und vergraben Sie diese am folgenden Montag wieder zur Mondzeit, jedoch vor Mitternacht, unter einem blühenden Baum.

Fruchtbarkeitsritual mit einer goldenen Kerze

Dieses Ritual wird bei zunehmendem Mond an einem Montag zur Mondzeit, zwischen Sonnenaufgang und 23.00 Uhr zelebriert.

Sie benötigen:
eine goldfarbene Decke, eine 30 cm hohe, goldfarbene Stumpenkerze, ein Fläschchen Fruchtbarkeitsöl, sieben Rosen-Räucherstäbchen, zwei weiße Altarkerzen, Zündhölzer, einen Suppenlöffel, ein Teelicht, ein Messer oder Schraubenzieher, einen Zahnstocher, etwas Sperma von Ihrem Partner, etwas Scheidensekret von Ihnen sowie einen Wattebausch.

Vorbereitung:
Breiten Sie die Decke über Ihren Ritualtisch, und stellen Sie in dessen Mitte die Rosenräucherstäbchen so auf, daß sie einen Kreis bilden. Die beiden Altarkerzen plazieren Sie links und rechts oben auf Ihrem Altar. Legen Sie die anderen Utensilien auch bereit, und vollziehen Sie, wie immer vor einer Zeremonie, das rituelle Reinigungsbad. Danach erden Sie sich und sammeln die nötige Energie für Ihr Ritual.

Ritual:
Begeben Sie sich wieder zu Ihrem Altar, um auch diesen und sämtliche anderen Gegenstände zu reinigen. Besprenkeln Sie dazu alles mit etwas Salzwasser, wobei Sie sagen:

»Ich, (sagen Sie Ihren Namen), reinige hiermit meinen Altar für das Fruchtbarkeitsritual.«

Jetzt ziehen Sie die anrufenden Pentagramme in alle vier Himmelsrichtungen, wobei Sie im Osten beginnen und im Norden enden. Rufen Sie auch die Wächter der Elemente zu Ihrem Schutz und Beistand. Wenn Sie einen sogenannten »Magischen Kreis« haben, können Sie diesen natürlich auch noch auslegen.
Bohren Sie nun mit dem Messer oder Schraubenzieher in den Boden der goldenen Kerze ein Loch, wobei Sie die herausgebohrten Wachskrümel aufheben, da Sie diese noch benötigen. Tränken Sie dann den Wattebausch mit Ihrem Scheidensekret und dem Sperma. Die getränkte Watte stopfen Sie dann in das Loch der Kerze. Zünden Sie das Teelicht an, und erwärmen und verflüssigen Sie die ausgebohrten Wachsreste im Suppenlöffel, indem Sie diesen kurz über das brennende Teelicht halten.

! *Seien Sie hierbei äußerst vorsichtig, und halten Sie den Löffel nur kurz über die Kerzenflamme, damit das Wachs unter keinen Umständen zu kochen beginnt. Kochendes Wachs in Verbindung mit offenem Feuer kann zu einer explosionsartigen Verbrennung führen, bei der das heiße, brennende Wachs im ganzen Raum versprüht wird, so daß erhebliche Brandgefahr besteht.*

Mit dem flüssigen Wachs schließen Sie dann das Loch in der Kerze wieder. Warten Sie einen Moment, bis das Wachs am Kerzenboden ganz hart ist. Nehmen Sie nun den Zahnstocher zur Hand, und ritzen Sie folgendes in die Kerze:

(Ihren Namen und Ihr Geburtsdatum)

sowie:

»Ein kleines Mädchen/Bübchen soll es sein, das da wächst in meinem Bauch. Mit aller Kraft Deiner Liebe, so soll es sein.«

Reiben Sie die Kerze jetzt kräftig mit Fruchtbarkeitsöl ein, und stellen Sie diese anschließend in den Räucherstäbchenkreis zurück. Zünden Sie die Räucherstäbchen an, und sprechen Sie:

»Göttin des Lichts, der Liebe und des Mondes, ich, (sagen Sie Ihren Namen), bitte Dich, erscheine hier bei mir
und erfüll, was ich so lange schon begehr.
Ein Mädchen/Bübchen wünsch ich mir. Voll Liebreiz soll es sein. In meinem Leibe soll es wachsen.«

Zünden Sie nun die beiden Altarkerzen sowie die goldene Kerze im Kreis an, und sagen Sie in Anrufungshaltung:

»Aus Liebe gewollt, in Leidenschaft gemacht und mit der göttlichen Kraft geboren. So soll es sein, im Namen der Göttin.«

Genießen Sie den Augenblick, die Atmosphäre und das gute Gefühl, eins zu sein mit dem Göttlichen. Halten Sie noch einige Zeit inne, und fühlen Sie in sich hinein. Vertrauen Sie auf sich, auf Ihren Körper und auf die göttliche Kraft in Ihnen, mit der Sie in diesem Moment besonders verbunden sind. Verneigen Sie sich dann vor Ihrem Altar, und bedanken Sie sich bei der Göttin und den Wächtern mit Ihren eigenen Worten.

Verabschieden Sie sich, und lassen Sie alle Kerzen und Räucherungen ganz abbrennen. Bewahren Sie alle Ritualreste an einem sicheren Platz auf, und vergraben Sie diese an einem Montag zur Mond- oder Venuszeit, jedoch noch vor Mitternacht, unter einem blühendem Baum.

Fruchtbarkeitsritual mit einer silberfarbenen Kerze

Dieses Ritual wird bei zunehmender Mondin an einem Montag, zur Mond- oder Venuszeit zwischen Sonnenaufgang und 23.00 Uhr zelebriert.

Sie benötigen:
eine silberfarbene Decke, eine 30 cm hohe, silberfarbene Stumpenkerze, zwei weiße Altarkerzen, ein Fläschchen Fruchtbarkeitsöl, einen 70 cm langen, silberfarbenen Faden und zwei Jasmin-Räucherstäbchen, Zündhölzer und einen Zahnstocher.

Vorbereitung:
Breiten Sie die silberfarbene Decke über Ihren Tisch, und stellen Sie auf diesem links und rechts oben die beiden weißen Altarkerzen auf, vor denen Sie jeweils ein Jasmin-Räucherstäbchen plazieren. Legen Sie auch die anderen Utensilien bereit, und vollziehen Sie, wie immer vor einer Zeremonie, das rituelle Reinigungsbad. Danach erden Sie sich und sammeln die nötige Energie für Ihr Ritual.

Ritual:
Beginnen Sie, indem Sie sich wieder zu Ihrem Altar begeben, um auch diesen und sämtliche anderen Gegenstände zu reinigen. Besprenkeln Sie alles mit etwas Salzwasser, wobei Sie sagen:

»Ich, (sagen Sie Ihren Namen), reinige hiermit diesen Altar für mein Fruchtbarkeitsritual.«

Zum Schutz ziehen Sie die anrufenden Pentagramme und rufen auch die Wächter der Elemente als Beistand. Wenn Sie einen sogenannten »Magischen Kreis« haben, können Sie diesen natürlich auch noch auslegen, aber denken Sie daran, daß Sie ihn bis zum Ende Ihres Rituals nicht mehr verlassen dürfen.
Ritzen Sie nun mit dem Zahnstocher folgendes in die silberfarbene Stumpenkerze:

»Mein Herzenswunsch, der ist erfüllt, ein Kindlein klein lebt nun in mir.«

und:

(Ihren Namen und Ihr Geburtsdatum)

sowie den Zusatz:

»So sei es.«

Reiben Sie die Kerze nun gut mit Fruchtbarkeitsöl ein, und wickeln Sie den silberfarbenen Faden darum. Verknüpfen Sie die Fadenenden mit sieben Knoten, und sagen Sie bei jedem geknüpften Knoten:

»Mein Wunsch ist nun erfüllt. Ein Leben wächst in mir.«

Beim siebten und somit letzten Knoten fügen Sie noch hinzu:

»So sei es!«

Stellen Sie die Kerze in die Mitte Ihres Altars, und denken Sie einige Minuten mit geschlossenen Augen an das Ziel Ihres Wunsches. Zünden Sie nun die beiden Altarkerzen sowie die Jasmin-Räucherstäbchen an, und sagen Sie in Anrufungshaltung:

»Silber ist die Farbe der Mondin, silbern leuchtet Dein Herz, komm, und erfülle dies Ritual mit Deinem Glanz.«

Entzünden Sie nun auch die silberfarbene Kerze, und sprechen Sie erneut in Anrufungshaltung:

»Oh Mondgöttin, hör mich an. Erfülle meinen Leib mit Deinem Licht der Liebe, laß neues Leben darin entstehen und gib ihm die Kraft Deiner Liebe. So sei es.«

Lassen Sie das Ritual noch etwas auf sich wirken, bevor Sie sich mit Ihren eigenen Worten bei der Göttin bedanken und verabschieden. Danken Sie, und verabschieden Sie sich auch von den Wächtern. Lassen Sie dann noch alle Kerzen und Räucherungen ganz abbrennen, und bewahren Sie diese an einem sicheren Platz auf, bis Sie sie am folgenden Montag entweder zur Mond- oder Venuszeit, jedoch vor 24.00 Uhr, unter einem Rosenstrauch vergraben.

Fruchtbarkeitsritual mit einer Puppe

Dieses Ritual wird bei zunehmender Mondin, an zwei aufeinanderfolgenden Freitagen, zur Venuszeit zwischen Sonnenaufgang und 23.00 Uhr zelebriert. Der aufgebaute Altar sollte in dieser Woche nicht verändert werden.

Sie benötigen:
eine orangefarbene Decke, eine orangefarbene Kerze, zwei weiße Altarkerzen, ca. 100 g fertigen Bastelton (in jedem Hobbygeschäft erhältlich), neun eigene Haare, Desinfektionsmittel aus der Apotheke, Wundpflaster und ein kleines Skalpell (zum Fingerritzen, denn während des Rituals benötigen Sie ein bis zwei Tropfen Blut von Ihrem linken Ringfinger), ein Stück von Ihrem Fingernagel, neun Weihrauch-Räucherstäbchen, ein weißes Seidentuch sowie ein Schüsselchen mit Salzwasser, eine Schüssel mit normalem Wasser, ein Handtuch, Zündhölzer und einen Zahnstocher.

Vorbereitung:
Breiten Sie zunächst die orangefarbene Decke über Ihren Ritualtisch, auf dem Sie dann links und rechts oben die beiden weißen Altarkerzen aufstellen. Bilden Sie anschließend aus den neun Weihrauch-Räucherstäbchen einen Kreis in der Altarmitte. Legen Sie auch die anderen Utensilien bereit, und vollziehen Sie, wie immer vor einer Zeremonie, das rituelle Reinigungsbad. Danach erden Sie sich und sammeln die nötige Energie für Ihr Ritual.

Ritual:
Begeben Sie sich wieder zu Ihrem Altar, um auch diesen und alle sämtliche anderen Gegenstände zu reinigen. Besprenkeln Sie dazu alles mit etwas Salzwasser, und sagen Sie dabei:

»Ich, (sagen Sie Ihren Namen), reinige hiermit meinen Altar für das Fruchtbarkeitsritual.«

Ziehen Sie die anrufenden Pentagramme in alle vier Himmelsrichtungen, wobei Sie im Osten beginnen und im Norden enden. Auch die Wächter der Elemente werden wieder zu Ihrem eigenen Schutz und Beistand gerufen. Wenn Sie einen sogenannten »Magischen Kreis« haben, können Sie diesen natürlich auch noch auslegen. Vergessen Sie aber nicht, daß Sie ihn für die Dauer des Rituals nicht mehr verlassen dürfen.
Ritzen Sie nun mit dem Zahnstocher folgendes in die orangefarbene Kerze:

»Gesegnet sei das Kind in meinem Leib.«

Stellen Sie die Kerze anschließend vor den Räucherkreis, und plazieren Sie die Schüssel mit dem Salzwasser rechts neben dem Kreis. Formen Sie nun aus dem Ton eine weibliche Puppe. Formen Sie Brüste, Vagina, Po, Bauchnabel und natürlich einen großen Bauch, der für das Baby steht. Lassen Sie sich dabei so viel Zeit, daß Sie schließlich mit dem Ergebnis wirklich zufrieden sind. Ist Ihre Puppe fertig, formen Sie ein kleines Loch in deren Rücken und legen sie auf den Tisch.

Waschen Sie sich mit dem bereitgestellten normalen Wasser und der Seife die Hände, und trocknen Sie sich ab. Reinigen Sie mit dem Desinfektionsmittel gründlich Ihren linken Ringfinger, und machen Sie dann mit dem Skalpell einen kleinen Ritz in die Fingerspitze. Lassen Sie ein paar Tropfen Blut in das Loch am Rücken der Puppe tropfen, und geben Sie Ihre Haare sowie das Stückchen Ihres Fingernagels mit hinein. Streichen Sie nun wieder soviel Ton über die Öffnung, daß man nichts mehr von der Füllung bemerkt.

Legen Sie die Puppe nun auf das Seidentuch, und plazieren Sie das Ganze in die Mitte des Räucherkreises. Der erste Teil des Rituals ist hiermit beendet. Lassen Sie die Puppe bis zum nächsten Freitag zur Venuszeit in diesem Kreis liegen, damit sie hart und trocken wird.

Auch den zweiten Teil der Zeremonie beginnen Sie wie immer mit dem rituellen Reinigungsbad. Danach erden Sie sich und sammeln die nötige Energie für Ihr Ritual. Begeben Sie sich dann wieder zu Ihrem Altar, um die anrufenden Pentagramme in alle vier Himmelsrichtungen zu ziehen. Ihren »Magischen Kreis« können Sie natürlich auch noch auslegen, aber vergessen Sie nicht, daß Sie ihn für die Dauer des Rituals nicht mehr verlassen dürfen.

Zünden Sie nun die beiden Altarkerzen an, und rufen Sie die Wächter:

»Ihr Herscher des Wassers, des Feuers, der Erde und der Luft,
Euch rufe ich herbei und bitte um Euren Schutz.«

Entzünden Sie jetzt die Weihrauch-Räucherstäbchen und die orangefarbene Kerze. Sprechen Sie:

»Weise Göttin Diana, eile herbei geschwind,
und sieh dies Geschöpf.«

Heben Sie die Puppe hoch, und sagen Sie, während Sie die Puppe mit etwas Salzwasser besprenkeln:

»Erschaffenes Geschöpf, ich taufe Dich auf den Namen
(sagen Sie Ihren Namen), und Du bist hiermit
aus Fleisch und Blut.«

Halten Sie die Figur vor Ihren Mund, und hauchen folgendes dreimal in deren Herzgegend:

»Lebe! Lebe! Lebe!«

Hauchen Sie dasselbe auch dreimal in die Kopfgegend und natürlich auch in die Bauchgegend der Puppe. Sagen Sie anschließend:

»So sei es.«

Heben Sie die Puppe mit beiden Händen ganz nach oben, sehen Sie sie an und sagen Sie:

»Diana, sieh, dieses Geschöpf lebt. In seinem Bauch
pulsiert das Leben, das Du geschaffen hast.
So soll es sein, geschwind.«

Legen Sie nun die Figur zurück in den Kreis, und fühlen Sie noch eine Zeitlang in sich hinein. Stellen Sie sich Ihren Kinderwunsch noch einmal bildlich vor, und mit dem intuitiven Wissen, daß dieser sich schon bald erfüllt, verabschieden Sie sich von der Göttin und den Wächtern. Sagen Sie alles in Ihren eigenen Worten.
Lassen Sie alle Kerzen und Räucherungen ganz abbrennen, und vergraben Sie die Reste unter einem Baum Ihrer Wahl.
Die Puppe jedoch wickeln Sie in das Seidentuch und vergraben sie erst dann, wenn Sie Ihr Kind unter dem Herzen tragen. Bewahren Sie die Puppe bis dahin immer in Ihrer Nähe, aber an einem sehr sicheren Platz auf. Diese Puppe darf niemand außer Ihnen zu Gesicht oder in die Hände bekommen. Ihr Ritual wäre dadurch sofort zerstört, ganz zu schweigen davon, was jemand mit dieser Puppe anfangen könnte, die auf Sie personifiziert worden ist.

Fruchtbarkeitsritual mit einer roten Schlangenkerze

Dieses Ritual können Sie an einem Freitag, bei zunehmender Mondin, zur Venuszeit zwischen Sonnenaufgang und 23.00 Uhr zelebrieren.

Sie benötigen:
eine weiße Decke, eine rote Schlangenkerze, etwas Fruchtbarkeitsöl, neun Rosen-Räucherstäbchen, Zündhölzer und einen Zahnstocher.

Vorbereitung:
Legen Sie die weiße Decke auf Ihren Altar, und stellen Sie die Rosen-Räucherstäbchen so auf, daß sie in der Mitte des Tisches ein Dreieck bilden. Legen Sie auch die anderen Utensilien bereit, und vollziehen Sie, wie immer vor Ihren magischen Arbeiten, das rituelle Reinigungsbad. Danach erden Sie sich und sammeln die nötige Energie.

Ritual:
Begeben Sie sich wieder zu Ihrem Altar, um auch diesen und sämtliche anderen Gegenstände zu reinigen. Besprenkeln Sie dazu alles mit etwas Salzwasser, und sagen Sie dabei:

»Ich, (sagen Sie Ihren Namen), reinige hiermit meinen Altar für das Fruchtbarkeitsritual.«

Ziehen Sie die anrufenden Pentagramme in alle vier Himmelsrichtungen. Auch die Wächter der Elemente werden wieder zu Ihrem eigenen Schutz und Beistand gerufen. Wenn Sie einen sogenannten »Magischen Kreis« haben, können Sie diesen natürlich auch noch auslegen, aber vergessen Sie nicht, daß Sie ihn für die Dauer des Rituals nicht mehr verlassen dürfen. Ritzen Sie nun mit dem Zahnstocher in die Schlangenkerze:

(Ihren Namen und Ihr Geburtsdatum)

und

»Alle Blockaden, die mich hindern, ein Kind zu bekommen,
lösen sich auf. So sei es, ab sofort.«

Anschließend reiben Sie die Schlangenkerze noch mit Fruchtbarkeitsöl ein und stellen sie dann in die Mitte des Räucherstäbchendreiecks zurück. Zünden Sie nun die Rosen-Räucherstäbchen an, und sagen Sie:

»Diana, weise Göttin, höre was mich quält.«

Zünden Sie jetzt die Schlangenkerze an, und sagen Sie erneut:

»Diana, gütige Muttergöttin, hilf. Blockaden hindern mich
am Glück. Hilf mir, daß ich sie erkenne und damit
meine Fesseln zerreiße. So befreit, bin ich bereit, daß neues
Leben in mir wächst. So sei es, ab sofort.«

Lassen Sie das Ritual und die Atmosphäre noch etwas auf sich wirken. Lassen Sie Gedanken kommen, die vielleicht auf Ihre Blockaden hinweisen. Eventuell meditieren Sie auch noch etwas, um mit der göttliche Kraft eins zu sein und sich von ihr führen zu lassen, um Hindernisse zu erkennen.

Es kann übrigens durchaus sinnvoll sein, in den nächsten Tagen weitere Meditationsreisen in Ihr Unterbewußtsein zu machen, um sich von Ihrer inneren Führerin, die immer Kontakt zur allwissenden göttlichen Kraft hat, die bestehenden Hindernisse zeigen zu lassen.

Mit Ihren eigenen Worten bedanken Sie sich und verabschieden sich bei der Göttin und den Wächtern. Lassen Sie dann noch alle Kerzen und Räucherungen ganz abbrennen, und bewahren Sie die Reste an einem sicheren Platz auf, bis Sie diese am folgenden Sonntag zur Venuszeit zwischen Sonnenaufgang und Sonnenuntergang in der Nähe Ihres Hauses vergraben.

TEIL VI

Trennung

Vorbei, vorbei, es sei

Mit diesem Ritual können Sie bewirken, daß sich entweder eine Person von Ihnen trennt oder daß zwei andere Personen sich voneinander trennen. Auch die Trennung von einem Geschäftspartner läßt sich damit erreichen. Je nach Anwendung müssen Sie die schwarze Kerze anders beschriften.
Dieses Ritual können Sie nur an einem Donnerstag um 24.00 Uhr (1.00 Uhr Sommerzeit) zelebrieren.

Sie benötigen:
eine schwarze Decke, eine schwarze Schlangenkerze, drei gestrichene Teelöffel Teufelsdreck, eine Kohletablette, eine feuerfeste, mit Sand gefüllte Schale, etwas Trennungsöl, einen Zahnstocher, Zündhölzer und eine Schüssel mit Salzwasser.

Vorbereitung:
Nehmen Sie die feuerfeste Schale zur Hand, und legen Sie auf den Sand die Kohletablette. Stellen Sie den Räucherkessel anschließend links oben auf Ihrem Altar auf. Den Teufelsdreck legen Sie in der Nähe bereit. Die Schüssel mit dem Salzwasser stellen Sie rechts oben auf Ihrem Altar auf.
Legen Sie auch die anderen Utensilien bereit, und vollziehen Sie, wie immer vor Ihren magischen Arbeiten, das rituelle Reinigungsbad. Erden Sie sich danach, und sammeln Sie die nötige Energie.

Ritual:
Gehen Sie wieder zu Ihrem Altar, um auch diesen und sämtliche anderen Gegenstände zu reinigen. Besprenkeln Sie dazu alles mit etwas Salzwasser, und sagen Sie dabei:

»Ich, (sagen Sie Ihren Namen), reinige hiermit die heilige Stätte. So sei es, im Namen der großen Götter.«

Ziehen Sie die anrufenden Pentagramme in alle vier Himmelsrichtungen, und rufen Sie auch die Wächter der Elemente wieder zu Ihrem eigenen Schutz und Beistand. Wenn Sie einen sogenannten »Magischen Kreis« haben, können Sie diesen natürlich auch noch auslegen, aber vergessen Sie nicht, daß Sie ihn für die Dauer des Rituals nicht mehr verlassen dürfen.
Nehmen Sie jetzt die schwarze Schlangenkerze, und ritzen Sie mit dem Zahnstocher folgendes hinein:

(Namen und Geburtsdatum der Person, die sich von Ihnen trennen soll)

oder wenn sich zwei andere Personen trennen sollen:

(beide Namen und Geburtsdaten dieser Personen)

Reiben Sie die Kerze nun so mit Trennungsöl ein, daß auch der Boden und der Docht benetzt sind. Stellen Sie die Kerze dann in die Mitte des Altars. Zünden Sie die Kohletablette an, und warten Sie einen Moment, bis diese richtig glüht. Streuen Sie dann während der Zeremonie immer wieder etwas Teufelsdreck darüber. Entzünden Sie nun die schwarze Schlangenkerze, und schauen Sie einige Minuten in die Flamme. Stellen Sie sich die Trennung bildlich vor. Nehmen Sie dann die Anrufungshaltung ein, und sagen Sie:

»Karnayna, ich rufe Dich! Erscheine und höre mich an.
Die Zuneigung und Liebe von (Name der Personen,
die Sie trennen wollen) ist gewichen und nicht mehr da.
Wir/Sie sind entzweit und gehen eigene Wege.
Vorbei, vorbei, es sei. So sei es, in Deinem Namen.«

Verharren Sie noch einige Zeit, und lassen Sie die Situation auf sich wirken. Visualisieren Sie die Trennung nocheinmal.
Dann danken Sie und verabschieden sich mit Ihren eigenen Worten. Die Wächter bitten Sie, die Tore wieder zu schließen, damit alle negativen Energien oder Wesenheiten weiterhin gebannt bleiben.
Lassen Sie die Kerze und die Räucherung ganz abbrennen, und bewahren Sie die Reste bis zum folgenden Donnerstag an einem sicheren Platz auf. An diesem Donnerstag um 24.00 Uhr (1.00 Uhr Sommerzeit) vergraben Sie alle Reste in der Nähe eines Friedhofs.

Trennungsritual mit Figurenkerze

Auch mit diesem Ritual können Sie bewirken, daß sich entweder eine Person von Ihnen trennt oder daß sich eine Geschäftsverbindung löst. Je nach Anwendung müssen Sie die schwarze Figurenkerze anders beschriften.
Dieses Ritual können Sie nur an einem Donnerstag um 24.00 Uhr (1.00 Uhr Sommerzeit) zelebrieren.

Sie benötigen:
eine schwarze Decke, eine schwarze Figurenkerze »Trennungspaar«, etwas Trennungsöl, zwei Weihrauch-Räucherstäbchen, eine Schüssel mit Salzwasser und zwei gestrichene Teelöffel Drachenblut (Vorsicht, reizend!).

Vorbereitung:
Breiten Sie die schwarze Decke über den Tisch, und plazieren Sie rechts unten die Schüssel mit dem Salzwasser. Auf die linke und rechte Seite des Altars setzen Sie je ein Weihrauch-Räucherstäbchen. Legen Sie auch alle anderen Utensilien bereit, und vollziehen Sie, wie bei allen magischen Arbeiten, das rituelle Reinigungsbad. Erden Sie sich danach, und sammeln Sie die nötige Energie.

Ritual:
Begeben Sie sich zu Ihrem Altar, um auch diesen und sämtliche anderen Gegenstände zu reinigen. Besprenkeln Sie dazu alles mit etwas Salzwasser, und sagen Sie dabei:

»Ich, (sagen Sie Ihren Namen), reinige hiermit die heilige Stätte. So sei es, im Namen der großen Götter.«

Ziehen Sie die anrufenden Pentagramme in alle vier Himmelsrichtungen, und rufen Sie auch die Wächter zu Ihrem eigenen Schutz und Beistand. Wenn Sie einen »Magischen Kreis« haben, können Sie diesen natürlich auch noch auslegen, aber vergessen Sie nicht, daß Sie ihn für die Dauer des Rituals nicht mehr verlassen dürfen. Nehmen Sie nun die Figurenkerze »Trennungspaar«, und ritzen Sie mit dem Zahnstocher in die männliche Figur:

(Namen und Geburtsdatum der männlichen Person)

In die weibliche Figur ritzen Sie:

(Namen und Geburtsdatum der weiblichen Person)

Reiben Sie nun die Kerze mit Trennungsöl ein, und wälzen Sie diese anschließend im Drachenblut. Zünden Sie nun die Weihrauch-Räucherstäbchen an, und sprechen Sie:

»Oh Ihr mächtigen Wächter des Feuers, des Wassers, der Erde und der Luft, ich rufe Euch, bewacht diesen Platz.«

Entzünden Sie nun die Figurenkerze, nehmen Sie die Gebetshaltung ein, und sprechen Sie:

»Ihr mächtigen Götter und Herrscher, hört was ich sage: (Sagen Sie den Namen des Mannes und den Namen der Frau, die Sie trennen wollen). In ihrer Partnerschaft ist nur noch Streit und Uneinigkeit. Neid soll ihr Begleiter sein. So sei es, in Eurem Namen.«

Halten Sie nun die Nadel so lange in die Flamme, bis sie sehr heiß ist, und bohren Sie sie dann zwischen die beiden Figuren. Sprechen Sie erneut:

»So wie diese Nadel Euch trennt, so wird der Streit Euch trennen. So sei es, ab sofort, im Namen der Götter.«

Bedanken Sie sich, und verabschieden Sie sich dann bei den Göttern und den Wächtern mit Ihren eigenen Worten. Lassen Sie die »Trennungspaar«-Kerze ganz abbrennen, und vergraben Sie alle Ritualreste in der darauffolgenden Nacht um 4.00 Uhr (5.00 Uhr Sommerzeit) in einem Wald.

Geh von mir

Dieses Ritual können Sie immer an einem Donnerstag um 24.00 Uhr (1.00 Uhr Sommerzeit) zelebrieren.

Sie benötigen:
eine schwarze Decke, zwei weiße Kerzen, eine Teelichtkerze, zwei Weihrauch-Räucherstäbchen, eine schwarze Figurenkerze (männlich, wenn Sie sich von einem Mann, weiblich, wenn Sie sich von einer Frau trennen wollen), ein Bild von der Person, von der Sie sich trennen wollen, etwas Trennungsöl, Zündhölzer, einen Zahnstocher, einen wasserfesten Filzschreiber, einen alten Suppenlöffel.

Vorbereitung:
Breiten Sie die schwarze Decke über den Tisch, stellen Sie auf diesem links und rechts die beiden Weihrauch-Räucherstäbchen auf und dahinter je eine weiße Kerze. Legen Sie auch alle anderen Utensilien in der Nähe bereit, und vollziehen Sie, wie immer vor Ihren magischen Arbeiten, das rituelle Reinigungsbad. Nach dem Erden und Sammeln der nötigen Energie begeben Sie sich wieder zu Ihrem Altar, um auch diesen und sämtliche anderen Gegenstände zu reinigen.

Ritual:
Besprenkeln Sie dazu alles mit etwas Salzwasser, und sagen Sie dabei:

»Ich, (sagen Sie Ihren Namen), reinige hiermit die heilige Stätte. So sei es, im Namen der großen Götter.«

Ziehen Sie die anrufenden Pentagramme in alle vier Himmelsrichtungen, und rufen Sie auch die Wächter der Elemente zum Schutz und Beistand. Wenn Sie zusätzlich einen »Magischen Kreis« auslegen, vergessen Sie nicht, daß Sie diesen für die Dauer des Rituals nicht mehr verlassen dürfen.
Schreiben Sie nun mit dem Filzschreiber auf die Rückseite des Bildes:

(Namen und Geburtsdatum der Person, von der Sie sich trennen wollen)

Legen Sie das Bild zur Seite, und nehmen Sie die schwarze Figurenkerze zur Hand. Bohren Sie in deren Boden ein Loch, das so groß ist, daß Sie das Bild zusammengerollt hineinschieben können. Anschließend erwärmen und verflüssigen Sie die ausgebohrten Wachsreste im Suppenlöffel, indem Sie diesen über das brennende Teelicht halten.

! *Seien Sie hierbei äußerst vorsichtig, und halten Sie den Löffel nur kurz über die Kerzenflamme, damit das Wachs unter keinen Umständen zu kochen beginnt. Kochendes Wachs in Verbindung mit offenem Feuer kann zu einer explosionsartigen Verbrennung führen, bei der das heiße, brennende Wachs im ganzen Raum versprüht wird, so daß erhebliche Brandgefahr entsteht.*

Mit dem flüssigen Wachs verschließen Sie das Loch wieder. Reiben Sie nun die gesamte Figurenkerze mit dem Trennungsöl ein, und stellen Sie sie in die Mitte Ihres Altars.
Entzünden Sie nun die beiden Weihrauch-Räucherstäbchen und die zwei weißen Kerzen. Heben Sie Ihre Figurenkerze hoch, und rufen Sie:

»Hört, ihr Götter, und eilt zu mir. Dies ist (sagen Sie den Namen der Person, welche die Figurenkerze symbolisieren soll). (Sagen Sie den Namen der Person) ist nicht Wachs, noch ist (sagen Sie den Namen der Person) Stein, sondern ein Wesen aus Fleisch und Blut.«

Stellen Sie die Figur zurück in die Mitte Ihres Tisches, und zünden Sie sie an. Nehmen Sie die Anrufungshaltung ein, und sagen Sie:

»Wir sind entzweit, wir sind getrennt. Schau nicht zu mir,
schau in die Fern. Geh weg von mir in Frieden.
So sei es, im Namen der Götter.«

Visualisieren Sie noch einmal, wie die Person sich von Ihnen abwendet und ihren eigenen Weg in die Ferne nimmt. Mit dem inneren Wissen, daß es so geschieht, bedanken Sie sich und verabschieden sich von den Göttern und den Wächtern, wie immer mit Ihren eigenen Worten. Lassen Sie die Kerzen und die Weihrauch-Räucherstäbchen ganz abbrennen, und werfen Sie alle Ritualreste in der folgenden Nacht um 24.00 Uhr in ein fließendes Gewässer. Den davontreibenden Resten sehen Sie dabei nicht nach, sondern gehen, ohne sich nochmal umzudrehen, nach Hause.

Trennung mit Bildern

Mit diesem Ritual können Sie bewirken, daß sich entweder eine Person von Ihnen trennt, oder daß zwei andere Personen sich voneinander trennen. Das kann sehr hilfreich, ja teilweise ein Muß sein, wenn Sie dadurch jemanden vor Leid bewahren. Ich denke dabei an Situationen, in denen Menschen sich von ihrem Partner trennen wol-

len, weil dieser z.B. Alkoholiker ist, und sie die täglichen Qualen und Erniedrigungen nicht länger ertragen.
Dieses Ritual wird an einem Donnerstag um 24.00 Uhr (1.00 Uhr Sommerzeit) zelebriert.

Sie benötigen:
eine schwarze Decke, je ein Bild von den Personen, die Sie trennen möchten, einen 20 cm langen, schwarzen Faden, eine etwa 10 cm hohe, schwarze Stumpenkerze, eine Nadel mit schwarzem Köpfchen, etwas "Vergiß-ihn/sie"-Öl, sieben Sandelholz-Räucherstäbchen, Zündhölzer, einen Zahnstocher, einen wasserfesten Filzschreiber und ein Schüsselchen mit Salzwasser.

Vorbereitung:
Breiten Sie die schwarze Decke über Ihren Altar, und bilden Sie darauf aus den Sandelholz-Räucherstäbchen einen Kreis. Das Schüsselchen mit Salzwasser stellen Sie rechts auf den Altar. Alle anderen Utensilien legen Sie auch in der Nähe bereit. Vollziehen Sie, wie immer vor Ihren magischen Arbeiten, das rituelle Reinigungsbad. Nach dem Erden und Sammeln der nötigen Energie begeben Sie sich wieder zu Ihrem Altar, um auch diesen und sämtliche anderen Gegenstände zu reinigen.

Ritual:
Besprenkeln Sie alles mit etwas Salzwasser, und sagen Sie dabei:

> *»Ich, (sagen Sie Ihren Namen), reinige hiermit die heilige Stätte. So sei es, im Namen der großen Götter.«*

Ziehen Sie die anrufenden Pentagramme in alle vier Himmelsrichtungen, und rufen Sie auch die Wächter der Elemente zum Schutz und Beistand. Wenn Sie zusätzlich einen »Magischen Kreis« auslegen, vergessen Sie nicht, daß Sie diesen für die Dauer des Rituals nicht mehr verlassen dürfen. Ritzen Sie nun mit dem Zahnstocher in die schwarze Stumpenkerze:

(Namen und Geburtsdatum der beiden Personen,
die Sie trennen möchten)

Reiben Sie die Kerze anschließend mit »Vergiß-ihn/sie«-Öl ein, und stellen Sie sie nun in die Mitte des Räucherstäbchenkreises. Nehmen Sie nun das erste Bild, und schreiben Sie mit dem Filzschreiber auf die Rückseite:

(Namen und Geburtsdatum der abgebildeten Person)

Auf das zweite Bild schreiben Sie ebenfalls entsprechend:

(Namen und Geburtsdatum der abgebildeten Person)

Legen Sie nun beide Bilder mit den Rückseiten so aufeinander, daß sich die Personen nicht ansehen. Reiben Sie die beiden Bilder ebenfalls mit »Vergiß-ihn/sie«-Öl ein. Binden Sie dann die Bilder mit dem schwarzen Faden zusammen. In die Fadenenden knüpfen Sie sieben Knoten. Bei jedem Knoten sprechen Sie laut:

»Liebe geht, Trennung kommt. (Sagen Sie die Namen der beiden Personen die getrennt werden sollen) trennen sich geschwind. So sei es, sogleich.«

Stecken Sie nun die Nadel zwischen die beiden Bilder, und legen Sie diese dann vor die schwarze Kerze. Zünden Sie die Sandelholz-Räucherstäbchen und die schwarze Kerze an. Nehmen Sie die Anrufungshaltung ein, und sprechen Sie:

»Mächtige Geister, ich, (sagen Sie Ihren Namen), rufe Euch. Laßt mich nicht warten, eilt herbei und hört mein Sagen. Die Erniedrigungen und Qualen von (sagen Sie den Namen) haben ein Ende. Frei ist sie/er. So sei es, ab sofort.«

Visualisieren Sie, wie sich die Personen trennen und jeder seinen eigenen Weg geht, ohne den anderen zu beachten oder ohne sich nochmals nach dem anderen umzudrehen. Mit dem inneren Wissen, daß dies schon bald Realität ist, verabschieden Sie sich und bedanken sich bei den Geistern mit Ihren eigenen Worten. Nachdem die Kerze und die Räucherstäbchen ganz niedergebrannt sind, vergraben Sie die Überreste des Rituals und die Bilder an einem Donnerstag um 24.00 Uhr (1.00 Uhr Sommerzeit) in der Nähe eines Flusses. Dabei sprechen Sie leise in sich hinein:

»So wie diese Bilder verfaulen und vermodern und ihre Existenz somit beendet ist, so ist auch die Partnerschaft von (sagen Sie die Namen der beiden zu trennenden Personen) beendet.«

Wenn Sie alles vergraben haben, legen Sie einen großen Stein auf die Stelle und gehen fort, ohne sich noch einmal umzudrehen.

Partnertrennung mit einer Schädelkerze

Auch mit diesem Ritual können Sie bewirken, daß sich entweder eine Person von Ihnen trennt, oder daß zwei andere Personen sich voneinander trennen. Wie schon erwähnt, kann dies sehr hilfreich, ja teilweise ein Muß sein, wenn Sie dadurch Menschen vor Leid bewahren. Dieses Ritual können Sie nur an einem Donnerstag um 24.00 Uhr (1.00 Uhr Sommerzeit) zelebrieren.

Sie benötigen:
eine schwarze Altardecke, eine schwarze Schädelkerze, zwei schwarze Stumpenkerzen, eine Voodoonadel, eine feuerfeste Schale, gefüllt mit Sand oder Salz, zwei gestrichene Teelöffel Drachenblut, fünf gestrichene Teelöffel Teufelsdreck, etwas Trennungsöl, Zündhölzer, einen Zahnstocher und ein Schüsselchen mit Salzwasser.

Vorbereitung:
Breiten Sie nun die schwarze Altardecke über Ihren Ritualtisch, und stellen Sie auf diesem links und rechts oben die beiden schwarzen Stumpenkerzen auf. Die feuerfeste Schale bzw. Ihren Räucherkessel mit der Sandfüllung setzen Sie in die Altarmitte. Legen Sie die Kohletablette auf den Sand. Das Schüsselchen mit Salzwasser stellen Sie

rechts auf den Altar. In der Nähe legen Sie auch alle anderen Utensilien bereit.
Vor dem eigentlichen Ritual vollziehen Sie wie immer ein rituelles Reinigungsbad. Nach dem Erden und Sammeln der nötigen Energie begeben Sie sich wieder zu Ihrem Altar, um auch diesen und sämtliche anderen Gegenstände zu reinigen.

Ritual:
Besprenkeln Sie alles mit etwas Salzwasser, und sagen Sie dabei:

»Ich, (sagen Sie Ihren Namen), reinige hiermit die heilige Stätte. So sei es, im Namen der großen Götter.«

Ziehen Sie die anrufenden Pentagramme in alle vier Himmelsrichtungen, und rufen Sie auch die Wächter der Elemente zum Schutz und Beistand. Legen Sie Ihren »Magischen Kreis« aus, aber vergessen Sie nicht, daß Sie diesen für die Dauer des Rituals nicht mehr verlassen dürfen. Nehmen Sie nun die Schädelkerze, und ritzen Sie folgendes hinein:

(Namen und Geburtsdatum der Personen, die Sie trennen möchten)

und

»Erloschene Liebe in Euren Herzen.«

Reiben Sie den Schädel anschließend mit dem Trennungsöl ein, und bohren Sie die Voodoonadel durch den Docht. Stellen Sie dann die Schädelkerze vor die Räucherschale, zünden Sie die Kohletablette in der Schale an, und warten Sie einen Moment, bis sie richtig glüht. Geben Sie nun nach und nach das Drachenblut auf die Kohle, und sprechen Sie:

»Karnayna, zur Erfüllung dieses Wunsches rufe ich Dich. (Sagen Sie die Namen der zu trennenden Personen) trennen sich sofort in Frieden.«

Geben Sie nach und nach den Teufelsdreck auf die Kohle, und sagen Sie:

»In Deinem Namen, so will ich es, wird eintreffen, was ich begehr.«

Zünden Sie nun die Schädelkerze an, und sprechen Sie mit ausgebreiteten Armen:

»Mächtiger Gott, hör, was ich verkünde heute Nacht. So wie dieser Schädel in den Flammen des Feuers schmilzt, so schmilzt auch die Liebe von (sagen Sie die Namen der zu trennenden Personen). Die Nadel im Feuer zersticht die Leidenschaft im Herzen. Nur Gleichgültigkeit bleibt zurück. So sei es.«

Visualisieren Sie, wie sich die Personen trennen und jeder seinen eigenen Weg geht, ohne auf den anderen zu achten und ohne sich nochmal nach ihm umzudrehen. Lassen Sie anschließend noch die Schädelkerze und die Räucherung ganz abbrennen, und vergraben Sie alles in der nächsten Nacht um 24.00 Uhr unter einem Stein in der Nähe eines Baches.

Partnertrennung mit Puppenkerzen

Wie auch bei den anderen Trennungsritualen können Sie bewirken, daß sich entweder eine Person von Ihnen trennt oder daß zwei andere Personen sich trennen. Ich bin der Meinung, daß dieses Ritual ausgeführt werden muß, wenn Sie von einer betroffenen Person darum gebeten werden. Erstens bewahren Sie dadurch einen Menschen vor weiterem Leid, zweitens ist es ja auch der ausdrückliche Wunsch eines Opfers. Wie schon gesagt, denke ich an Situationen, in denen Menschen sich von einem gewalttätigen Partner trennen wollen.
Dieses Ritual können Sie nur an einem Donnerstag um 24.00 Uhr (1.00 Uhr Sommerzeit) zelebrieren.

Sie benötigen:
eine schwarze Decke, eine schwarze männliche Puppenkerze, eine schwarze weibliche Puppenkerze, einen 30 cm langen, schwarzen Faden, sieben Weihrauch-Räucherstäbchen, je ein Bild von den zu trennenden Personen, etwas Trennungsöl, einen rostigen Nagel, einen wasserfesten Filzschreiber, Zündhölzer, einen Zahnstocher und eine Schüssel mit Salzwasser.

Vorbereitung:
Breiten Sie die schwarze Decke über den Ritualtisch, und bilden Sie darauf einen Kreis aus den Weihrauch-Räucherstäbchen. Die Schale mit dem Salzwasser stellen Sie auf der rechten Seite des Altars auf. Legen Sie auch alle anderen Utensilien bereit, und vollziehen Sie das rituelle Reinigungsbad. Nach dem Erden und dem Sammeln der nötigen positiven Energie begeben Sie sich wieder zu Ihrem Altar, um auch diesen und sämtliche anderen Ritualgegenstände zu reinigen.

Ritual:
Besprenkeln Sie dazu alles mit etwas Salzwasser, und sagen Sie dabei:

»Ich, (sagen Sie Ihren Namen), reinige hiermit die heilige Stätte. So sei es, im Namen der großen Götter.«

Ziehen Sie jetzt die anrufenden Pentagramme in alle vier Himmelsrichtungen, und rufen Sie auch die Wächter der Elemente zu Ihrem eigenen Schutz und Beistand. Wenn Sie einen »Magischen Kreis« haben, können Sie diesen natürlich auch noch auslegen, aber vergessen Sie nicht, daß Sie ihn für die Dauer des Rituals nicht mehr verlassen dürfen. Nehmen Sie jetzt Ihr Bild zur Hand, und schreiben Sie mit dem Filzschreiber auf die Rückseite:

(Ihren Namen und Ihr Geburtsdatum)

Reiben Sie nun das Foto gut mit Trennungsöl ein, und legen Sie es in den Räucherstäbchenkreis. Jetzt schreiben

Sie auf das Bild Ihres Partners bzw. der zu trennenden Person:

(Namen und Geburtsdatum des Partners bzw. der Person)

Auch dieses Bild reiben Sie gut mit Trennungsöl ein, und legen Sie es in den Räucherstäbchenkreis neben das andere Bild. Ritzen Sie nun mit dem Zahnstocher in die männliche Puppenkerze:

(Namen und Geburtsdatum Ihres Partners
bzw. der zu trennenden Person)

In die weibliche Puppenkerze ritzen Sie:

(Ihren Namen und Ihr Geburtsdatum)

Reiben Sie die beiden Kerzen kräftig mit Trennungsöl ein. Achten Sie darauf, daß auch der Boden und der Docht der Kerzen gut eingeölt sind. Binden Sie nun die beiden Puppenkerzen Rücken an Rücken mit dem schwarzen Faden fest zusammen. In die Fadenenden knüpfen Sie sieben Knoten. Zu jedem Knoten, den Sie knüpfen, sagen Sie:

»Trennung in Frieden, Trennung und Frieden für
(sagen Sie die Namen der betreffenden Personen).«

Wenn Sie den siebten Knoten geknüpft haben, beenden Sie mit dem Satz:

»So sei es.«

Bohren Sie nun noch den rostigen Nagel zwischen die beiden Puppenkerzen, und stellen Sie diese auf die Bilder in die Mitte des Weihrauchkreises. Zünden Sie die Räucherstäbchen und die beiden Puppenkerzen an. Visualisieren Sie einige Minuten Ihren Wunsch, und hüllen Sie diesen in Licht. Nehmen Sie die Anrufungshaltung ein, und sprechen Sie:

»Hekate, Göttin der Nacht, Dich rufe ich zu mir, trete her zu mir geschwind und höre meinen Wunsch. (Sagen Sie die Namen der beiden zu trennenden Personen) gehen getrennte Wege. Keine Liebe im Herzen, keine Leidenschaft im Blut, so soll es sein, ab sofort, in Deinem Namen.«

Visualisieren Sie auch jetzt noch einmal, wie sich die Personen trennen. Jeder geht seinen eigenen Weg, ohne auf den anderen zu achten und ohne sich nach dem anderen umzudrehen. Vielleicht sieht jeder schon einen neuen Partner an, mit dem er in Zukunft seinen Weg gehen will. Ihrer Phantasie sind hier (fast) keine Grenzen gesetzt. Achten Sie nur darauf, daß sich die Wege nicht mehr kreuzen, und daß sich die ehemaligen Partner unter keinen Umständen gegenseitig beachten. Lassen Sie die beiden Puppenkerzen und die Räucherstäbchen ganz abbrennen, und bewahren Sie dann alle Reste an einem sicheren Ort auf, bis Sie alle Ritualreste am nächsten Donnerstag um 24.00 Uhr (1.00 Uhr Sommerzeit) in der Nähe Ihres Hauses bzw. in der Nähe der Hauses des Partners, von dem Sie sich trennen wollen, vergraben.

Zerbrochene Herzen

Mit diesem Ritual können Sie bewirken, daß eine Person sich von Ihnen trennt oder daß sich zwei andere Menschen voneinander trennen. Entsprechend müssen Sie aber darauf achten, daß der Text, den Sie einritzen oder sprechen, auch der richtige für den jeweiligen Zweck ist. Dieses Ritual können Sie, zur Saturnzeit, in jenen Nächten zelebrieren, in denen die Saturnzeiten zwischen Mitternacht und eine Stunde vor Sonnenaufgang liegen.

Sie benötigen:
eine schwarze Decke, zwei schwarze Kerzen, etwas Trennungsöl, sieben Stecknadeln mit schwarzem Köpfchen, einen 20 cm langen, schwarzen Faden, zwei Weihrauch-Räucherstäbchen, einen Teelöffel Teufelsdreck, einen Teelöffel Drachenblut, Zündhölzer, einen Zahnstocher und ein Schüsselchen mit Salzwasser.

Vorbereitung:
Legen Sie die schwarze Decke auf den Tisch, und stellen Sie die beiden Weihrauch-Räucherstäbchen links und rechts oben auf Ihren Altar. Streuen Sie nun das Drachenblut (Vorsicht, reizend!) und den Teufelsdreck so auf Ihren Altar, daß es einen Kreis ergibt. Die Schale mit dem Salzwasser stellen Sie auf die rechte Seite des Altars. Legen Sie die anderen Utensilien auch bereit und vollziehen Sie, wie immer vor einer Zeremonie, das rituelle Reinigungsbad. Nach dem Erden und dem Sammeln der für Ihr Ritual nötigen Energie begeben Sie sich wieder zu

Ihrem Altar, um auch diesen und sämtliche anderen Gegenstände zu reinigen.

Ritual:
Besprenkeln Sie alles mit etwas Salzwasser, und sagen Sie dabei:

»Ich, (sagen Sie Ihren Namen), reinige hiermit diesen Altar für mein Trennungsritual.«

Ziehen Sie die anrufenden Pentagramme in alle vier Himmelsrichtungen, und rufen Sie auch die Wächter der Elemente zum Schutz. Wenn Sie Ihren »Magischen Kreis« auslegen, denken Sie daran, daß Sie diesen bis zum Ende Ihres Rituals nicht mehr verlassen dürfen. Nehmen Sie nun eine schwarze Kerze, und ritzen Sie mit dem Zahnstocher folgendes hinein:

(Namen und Geburtsdatum der ersten Person, die sich trennen soll)

und

»Zerbrochenes Herz, eile fort, sieh nicht zu mir/ihr/ihm.«

Nehmen Sie anschließend die zweite schwarze Kerze, und ritzen Sie in diese entweder:

(Ihren Namen und Geburtsdatum)

oder

(Namen und das Geburtsdatum der zweiten Person, von der sich die erste Person trennen soll)

sowie

»Zerbrochenes Herz findet Ruh, alle Liebe ist verschwunden.«

Binden Sie nun die beiden Kerzen mit dem schwarzen Faden zusammen, und knüpfen Sie in die Enden sieben Knoten hinein. Bei jedem Knoten sprechen Sie:

»Zerbrochene Herzen und zerbrochene Liebe, sie trennen sich in Frieden.«

Spicken Sie nun die beiden Kerzen so mit den sieben Nadeln, daß in jeder Kerze drei Nadeln stecken und eine Nadel zwischen beiden Kerzen steckt. Bei den Nadeln, die Sie in die Kerze stecken, sprechen Sie jeweils:

»Durch Trennung wird besiegelt, was ohnehin schon Wahrheit ist, ein jeder geht beflügelt, den andren man vergißt.«

Bei der Nadel, die Sie zwischen die Kerzen stecken, sagen Sie:

»So, wie diese Nadel Euch trennt, so trennen sich auch unsere/Eure Wege.«

Plazieren Sie nun die beiden zusammengebundenen und gespickten Kerzen in der Mitte des Kreises aus Drachenblut und Teufelsdreck. Zünden Sie jetzt die beiden Weihrauch-Räucherstäbchen sowie die beiden Kerzen an, und sprechen Sie in Anrufungshaltung:

»Lilith, große Göttin, ich, (sagen Sie Ihren Namen), rufe Dich. Eile herbei geschwind, und höre, was ich begehre!«

Wenn das Ritual Sie selbst betrifft, sagen Sie:

»(Ihren Namen) und (Namen der Person, die sich von Ihnen trennen soll) trennen sich. Wir gehen getrennte Wege. So sei es, ab sofort.«

Wenn Sie mit dem Ritual zwei andere Personen trennen wollen, sagen Sie:

»(Namen der ersten Person) und (Namen der zweiten Person) trennen sich. Sie gehen getrennte Wege. So sei es, ab sofort.«

Visualisieren Sie jetzt noch einmal, wie sich die Personen trennen. Jeder geht seinen eigenen Weg, ohne auf den anderen zu achten und ohne sich nochmal nach dem anderen umzudrehen. Achten Sie auch darauf, daß sich die Wege nicht mehr kreuzen. Bedanken Sie sich, und verabschieden Sie sich von der Göttin Lilith und den Wächtern mit Ihren eigenen Worten. Lassen Sie die Kerzen und Räucherungen ganz abbrennen. Vergraben Sie alles in der darauffolgenden Nacht zur Saturnzeit in der Nähe eines Flusses.

TEIL VII

Geld und Beruf

Erfolgs- und Geldritual mit Eicheln

Wenn Sie dieses Ritual als Geldritual zelebrieren, denken Sie bitte daran, daß Sie nur um den Geldbetrag bitten dürfen, den Sie dringend benötigen. Wenn Sie um mehr bitten, kann Ihr Wunsch als Gier erscheinen und dadurch ins Gegenteil umschlagen. Sie würden dann noch mehr Wertgegenstände, Geld oder Haus verlieren!
Dieses Ritual können Sie an einem Donnerstag zur Jupiterzeit, zwischen Sonnenaufgang und 23.00 Uhr zelebrieren.

Sie benötigen:
eine grüne Kerze, zwei Eicheln, ein paar Eichenblätter, ein grünes Tuch, einen Räucherkessel, gefüllt mit etwas Sand oder Salz, Räucherkohle, Räuchermischung »Geld«, ein kleines grünes Seidentuch, grünes Nähgarn, eine Nähnadel, ein grünes Tischtuch, Zündhölzer, einen Zahnstocher und eine kleine Schüssel mit Salzwasser.

Vorbereitung:
Decken Sie den Altar, indem Sie die grüne Tischdecke darauf ausbreiten und den Räucherkessel in die Mitte stellen. Auf den Sand im Kessel legen Sie eine Tablette Räucherkohle. Aus den Eichenblättern bilden Sie dann einen Kreis um den Räucherkessel herum. Das Schüsselchen mit Salzwasser stellen Sie auf die rechte Seite des Altars. Aus dem grünen Seidentuch nähen Sie ein kleines Säckchen in der Größe von ca. 5 mal 5 cm. Legen Sie auch wieder die restlichen Gegenstände bereit, und vollziehen Sie dann, wie immer vor Ihren magischen Arbei-

ten, das rituelle Reinigungsbad. Nach dem Erden und dem Sammeln der nötigen Energie beginnen Sie mit Ihrem Ritual.

Ritual:
Begeben Sie sich wieder zu Ihrem Altar, um auch diesen sowie sämtliche anderen Utensilien zu reinigen. Besprenkeln Sie hierzu alles mit etwas Salzwasser, und sagen Sie dabei:

»Ich, (sagen Sie Ihren Namen), reinige hiermit den Altar für mein Erfolgsritual/Geldritual.«

Zum Schutz ziehen Sie die anrufenden Pentagramme in alle vier Himmelsrichtungen und rufen auch die Wächter der Elemente. Ihren »Magischen Kreis« können Sie auch auslegen, aber wie immer dürfen Sie diesen bis zum Ende Ihres Rituals nicht mehr verlassen. Nehmen Sie den Zahnstocher, und ritzen Sie in die grüne Kerze:

(Ihren Namen und Ihr Geburtsdatum)

sowie

(den genauen Geldbetrag, den Sie benötigen)

und den Zusatz:

»So sei es, im Namen Jupiters.«

Dann setzen oder stellen Sie sich bequem vor den Altar und konzentrieren sich auf Ihr Ziel. Visualisieren Sie, wie Sie das dringend benötigte Geld in den Händen halten, und freuen Sie sich, daß Sie es bekommen haben. Zünden Sie nun die Räucherkohle an, und warten Sie einen Moment, bis diese durch und durch glüht. Dann streuen Sie im Laufe des Rituals immer wieder etwas Räuchermischung darüber. Zünden Sie nun auch die Kerze an. Halten Sie die Eicheln über die Flamme und über die Räucherung, und sprechen Sie dabei folgende Formel:

»Ihr Eicheln seid des Jupiters, Ihr bringt mir Geld, das ich so dringend brauch. So sei es, ab sofort, im Namen Jupiters.«

Lassen Sie nun beide Eicheln auf dem Altar liegen, bis die Kerze niedergebrannt ist. Ein Eichenblatt und eine Eichel geben Sie in das Seidensäckchen und verstecken dies in Ihrem Kleiderschrank. Die andere Eichel vergraben Sie zusammen mit den Resten des Rituals in Ihrem Garten oder in der Nähe Ihrer Wohnung. Das Seidensäckchen vergraben Sie erst, wenn sich Ihr Wunsch erfüllt hat.

Geldritual bei Vollmond

Dieses Ritual zelebrieren Sie nur bei Vollmondin, an einem Donnerstag zur Jupiterzeit, zwischen Sonnenaufgang und 23.00 Uhr.

Sie benötigen:
einen roten Jaspis-Trommelstein, eine grüne Tischdecke, eine grüne Kerze, zwei weiße Kerzen, einen Räucherkessel, Räuchermischung »Geld«, »Money-Drawing«-Öl, sowie Eschenzweige und ein paar Zweige des Buchsbaumes, um den Altar zu schmücken, Zündhölzer, einen Zahnstocher und eine kleine Schüssel mit Salzwasser.

Vorbereitung:
Versuchen Sie, den Altar so aufzubauen, daß das Mondlicht darauf scheint. Breiten Sie die grüne Decke über den Ritualtisch, und stellen Sie in dessen Mitte den Räucherkessel, um den herum Sie dann mit den Esche- und Buchszweigen dekorieren. Legen Sie nun die Räuchermischung bereit und den Jaspis-Trommelstein auf den Altar. Die zwei weißen Altarkerzen plazieren Sie links und rechts oben auf dem Altartisch. Die anderen Utensilien halten Sie ebenfalls in der Nähe bereit, und zwar so, daß sie sich alle innerhalb Ihres »Magischen Kreises« befinden, wenn Sie diesen später schließen. Denn wie Sie wissen, dürfen Sie diesen für die Dauer des Rituals nicht mehr verlassen, um dieses oder jenes zu holen. Aber vorerst ist der Kreis ja noch offen, denn Sie müssen Ihr rituelles Reinigungsbad nehmen. Versuchen Sie, sich dabei langsam auf Ihren Wunsch zu konzentrieren. Gemeint ist

damit, daß Sie locker (nicht verbissen) an das denken sollen, um was es bei dem folgenden Ritual geht. Anschliessend erden Sie sich und sammeln positive Energien für das Ritual. Dann begeben Sie sich zu Ihrem Altar, um diesen und sämtliche anderen Gegenstände ebenfalls zu reinigen.

Ritual:
Besprenkeln sie alles mit etwas Salzwasser, und sprechen Sie dazu:

»Ich, (sagen Sie Ihren Namen), reinige hiermit diese heilige Stätte für mein Geldritual.«

Ziehen Sie zum Schutz wieder die anrufenden Pentagramme in alle vier Himmelsrichtungen, und rufen Sie auch die Wächter der Elemente um ihren Beistand an. Jetzt wird auch der »Magischen Kreis« geschlossen. Denken Sie aber bitte daran, daß Sie ihn erst wieder öffnen bzw. verlassen dürfen, wenn Sie Ihr Ritual beendet haben. Sie beginnen das Hauptzeremoniell damit, daß Sie mit dem Zahnstocher folgendes in die grüne Kerze ritzen:

(Ihren Namen und Ihr Geburtsdatum)

sowie

(den genauen Geldbetrag, der dringend nötig ist)

und den Zusatz:

»So sei es, ab sofort, im Namen Jupiters.«

Reiben Sie die Kerze dann so mit »Money-drawing«-Öl ein, daß auch der Docht und der Boden damit befeuchtet sind. Stellen Sie die Kerze dann hinter den Räucherkessel. Jetzt zünden sie die zwei weißen Kerzen und die Räucherkohle an. Wenn die Kohle durch und durch glüht, streuen Sie während des Rituals immer wieder etwas Räuchermischung darüber. Zünden Sie nun auch die grüne Kerze an, und konzentrieren Sie sich nun ganz auf Ihr Ziel. Visualisieren Sie, wie Ihr Wunsch in Erfüllung gegangen ist. Beachten Sie bitte die Formulierung »in Erfüllung gegangen ist«. Das heißt, Sie sollen sich vorstellen, daß Sie das Geld schon haben und beispielsweise eine überfällige Rechnung damit bezahlen.
Halten Sie den Jaspis auf Ihren geöffneten Händen über die Räucherung der Kerzenflamme entgegen, und sprechen Sie:

»Stein des Geldes, mit göttlicher Hilfe bist Du mein Geldmagnet, der mir die dringend benötigten DM (sagen Sie den in die grüne Kerze eingeritzten Geldbetrag) bringt.
So sei es, ab sofort.«

Legen Sie dann den Stein auf den Altar, und lassen Sie ihn vom Mondlicht anstrahlen. Danken Sie Jupiter und den Wächtern mit eigenen Worten. Lassen Sie nun Kerzen und Räucherung ganz abbrennen. Vergraben Sie die Ritualreste unter einer Eiche. Den Jaspis tragen Sie ständig bei sich, bis Sie den Geldbetrag zusammenhaben. Danach vergraben Sie auch ihn unter der Eiche.

Geldritual mit Haselnüssen

Dieses Ritual können Sie täglich, allerdings nur bei zunehmender Mondin und nur zu den Jupiterzeiten, zwischen Sonnenaufgang und 23.00 Uhr zelebrieren.

Sie benötigen:
drei Haselnüsse, eine grüne Kerze, eine grüne Tischdecke, einen Räucherkessel, gefüllt mit etwas Sand, Räuchermischung »Geld«, Zündhölzer, einen Zahnstocher und eine kleine Schüssel mit Salzwasser.

Vorbereitung:
Decken Sie Ihren Tisch mit der grünen Decke und stellen Sie den Räucherkessel in die Mitte. Auf den Sand legen Sie ein Stück Räucherkohle. Die Räuchermischung, die Haselnüsse und die anderen Gegenstände legen Sie auch bereit. Bevor Sie nun Ihr Ritual beginnen, vollziehen Sie Ihr rituelles Reinigungsbad, wobei Sie sich natürlich entspannen. Versuchen Sie dabei schon, Ihre Gedanken in die richtige Richtung zu lenken. Während Sie baden, versuchen Sie sich also vorzustellen, wie aus den einzelnen Haselnüssen ein Haselstrauch wird, auf dem Geldstücke wachsen.
Nach dem Erden und dem Sammeln der für Ihr Ritual nötigen Energie begeben Sie sich wieder zu Ihrem Altar, um diesen und sämtliche anderen Utensilien zu reinigen.

Ritual:
Besprenkeln Sie alles mit etwas Salzwasser, und sagen Sie dabei:

»Ich, (sagen Sie Ihren Namen), reinige hiermit diese heilige Stätte für mein Geldritual.«

Ziehen Sie die anrufenden Pentagramme zum Schutz wieder in alle Himmelsrichtungen, und rufen Sie auch die Wächter der Elemente um ihren Beistand an. Wenn Sie zusätzlich Ihren »Magischen Kreis« auslegen möchten, können Sie das selbstverständlich machen. Denken Sie aber bitte daran, daß Sie ihn, wenn Sie ihn erst einmal geschlossen haben, bis zum Ende Ihres Rituals nicht mehr verlassen dürfen.
Nehmen Sie nun den Zahnstocher zur Hand, und ritzen Sie in die grüne Kerze:

(Ihren Namen und Ihr Geburtsdatum)

und den Zusatz:

»Ich benötige dringend (schreiben Sie den genauen Geldbetrag, den Sie dringend benötigen).«

Stellen Sie die Kerze hinter den Räucherkessel, und zünden Sie diese an. Zünden Sie auch die Kohletablette an, und warten Sie einen Moment, bis sie richtig glüht. Streuen Sie dann während des Rituals immer wieder etwas Räuchermischung auf die Glut. Nehmen Sie die drei Nüsse auf die geöffnete Hand, und halten sie diese über dem Räucherkessel der Kerzenflamme entgegen. Sprechen Sie nun laut:

»Ihr Nüsse, verhelft mir zu Geld. Im Namen Jupiters benötige ich, (sagen Sie Ihren Namen), (sagen Sie den genauen Geldbetrag, der auch in die Kerze geritzt ist). Heiliger Rauch trägt meinen Wunsch empor, und er sei erfüllt. So sei es, ab sofort!«

Legen Sie die Nüsse nun in Form eines Dreiecks um die Kerze, und lassen Sie diese ganz abbrennen. Danken Sie Jupiter und den Wächtern mit Ihren eigenen Worten, und verabschieden Sie sich. Nachdem die Kerze niedergebrannt ist, nehmen Sie die Nüsse, die Wachs- und Räucherreste und vergraben alles bei zunehmender Mondin unter einem Haselstrauch.

Schlußwort

In diesem Buch habe ich versucht, die wichtigsten Rituale zu beschreiben. Was die Gesundheitsrituale (Teil III) anbelangt, möchte ich darauf hinweisen, daß diese Rituale keinen Arztbesuch ersetzen, somdern als zusätzliche Hilfestellung gedacht sind.
Die Schutzrituale (Teil II) dienen der Verteidigung und können deshalb auch von weißen Hexen zelebriert werden. Sie brauchen bei diesen Ritualen also nicht befürchten, daß Sie etwas Schwarzmagisches zelebrieren. Das Abwehren von Flüchen ist selbstverständlich auch den weißmagischen Hexen, Magiern und Schamanen erlaubt. Ähnlich verhält es sich auch mit den Trennungsritualen (Teil VI). Auch hier handelt es sich um weißmagische Rituale, die Sie ohne Bedenken zelebrieren können. Diese Rituale sind eine gute Hilfe, wenn schwierige Trennungen zum Wohle beider Partner vollzogen werden müssen.
Ich hoffe, daß Sie mit diesem Ritualbuch einen guten Ratgeber für Ihre eigenen Zeremonien gefunden haben. Das würde mich sehr freuen.

Ich wünsch Ihnen, daß sich Ihre positiven Wünsche erfüllen!

Blessed Be!

Ihre Hexe Theresia

Bezugsadresse für das in diesem Buch erwähnte Ritualzubehör, wie Öle, Räucherungen, Kerzen usw.:

Theresia Baschek
Postfach 1133
21706 Drochtersen

Tel. 04775-891254
Internet: www.hexe-theresia.de
E-Mail: hexetheresia@t-online.de

Von der Autorin sind außerdem folgende Bücher im Verlag Peter Erd erschienen:

Die Weiße Magie der Hexe der Hexe Theresia. Ein Ritualbuch für die Praxis. 1999.

Die Weiße Magie Ihres Sternzeichens. 2000. Erhältlich für alle zwölf Sternzeichen.

Das magische Jahr der Weißen Hexe Theresia. Jährlich erscheinender Kalender.